도서출판 대장간은
쇠를 달구어 연장을 만들듯이
생각을 다듬어 기독교 가치관을
바르게 세우는 곳입니다.

대장간이란 이름에는
사라져가는 복음의 능력을 되살리고,
낡은 것을 새롭게 풀무질하며, 잘못된 것을
바로 세우겠다는 의지가 담겨져 있습니다.

www.daejanggan.org

사랑, 그 조용한 혁명

지은이   박 경 희
초판발행   2014년 6월 13일

펴낸이   배용하
책임편집   윤석일
등록   제364-2008-000013호
펴낸곳   **도서출판 대장간**
                www.daejanggan.org
등록한곳   대전광역시 동구 우암로 75-21 (삼성동)
편집부   전화 (042) 673-7424
영업부   전화 (042) 673-7424 전송 (042) 623-1424

분류   구약 | 신앙
ISBN   978-89-7071-329-8   03230

 값 10,000원

사랑, 그 조용한 혁명

박 경 희 지음

변함없이 지속적인 사랑, 헤세드로 함께하는 언니들
박선희, 박숙자, 박경자, 박애자님께
이 책을 드립니다.

차례

여는 글

　구약성서신학을 연구하고 가르치는 자로 살면서, 성서의 학문적 연구에 머무르지 않고 삶의 자리에서 다양한 사람들과 나누며 경험한 신학과 인생의 고뇌, 아픔과 고통에 대한 답을 찾는 마음으로, 한 묶음, 한 묶음 정리하고자 연구논문과 다른 글쓰기를 시작했다. 구약성서를 구성하는 중요한 신학적 주제의 개념들과 의미는 무엇이며, 어떤 역사적 배경과 사회적 환경에서 비롯되고 사용되었는지, 오늘을 사는 그리스도인들은 구약성서를 어떻게 해석하고 하나님을 아는 사람으로서 삶을 살아야 할 것인지에 대한 에세이다. 어떻게 그리스도인으로서 '나'의 정체성을 바르게 알고 내가 소속된 가정과 교회공동체, 한 사회와 국가, 전 세계 구성원으로서 삶의 자리에서 하나님을 경외하며 사람을 존중하는 행복한 삶을 구현할 수 있는지에 대한 글 풀이가 될 것이다. 그 시작을 서로 관계 안에서 사랑을 보여주고 실천하는 "헤세드hesed, 변함없이 지속적인 사랑"에서 출발하고자 한다.

　　사랑을 물리적으로 한정할 수 있다면,
　　사랑은 어떤 빛깔일까?
　　사랑은 어떤 소리일까?
　　사랑은 어떤 향기일까?
　　사랑은 어떤 맛일까?
　　사랑은 어떤 감촉일까?
　　사랑은 어떤 모양일까?

사랑은 어떤 크기일까?

사랑은 어떤 넓이일까?

사랑은 어떤 깊이일까?

사랑은 어떻게 와서, 어디에 머물다, 어디로 가는 것일까?

한 사람이 존재하고, 생각하고, 행동하며 사는 것은 관계를 통해서다. 아내와 남편, 부모와 자녀, 가족과 친척, 스승과 제자, 목회자와 성도, 의사와 환자, 상담자와 내담자, 지도자와 따르는 자, 대표자와 구성원, 배우와 관객, 지휘자와 연주자, 주인과 손님, 판매자와 구매자, 친구 등등 … 어떤 모습이든 인간은 관계 안에 있고 상호역할을 통해 각자의 자리에서 사랑받기 원하고 사랑하기 바라는 기대감이 있다. 분노와 다툼도 근원적으로는 사랑을 추구하기에 일어난다. 다양한 환경에서 사랑은 양면성으로 드러난다.

사랑하고 싶어 싸우고 사랑할 수 없어 미워한다.

사랑하기에 설득하고 사랑하기에 포기한다.

사랑하기에 격려하고 사랑하기에 비평한다.

사랑하기에 묶어두고 사랑하기에 풀어준다.

사랑하기에 포용하고 사랑하기에 질투한다.

사랑하기에 상처주고 사랑하기에 싸매준다.

사랑하기에 고통받고 사랑하기에 치유한다.

사랑하기에 기뻐하고 사랑하기에 슬퍼한다.

사랑하기에 가까이하고 사랑하기에 멀리한다.

사랑하기에 만나고 사랑하기에 헤어진다.

사랑하기에 추억하고 사랑하기에 잊는다.

사랑하기에 희망을 품고 사랑하기에 절망한다.

사랑하기에 인내하고 사랑하기에 참지 못한다.

사랑하기에 빼앗고 사랑하기에 돌려준다.

사랑하기에 덮고 사랑하기에 들춰낸다.

사랑하기에 손을 내주고 사랑하기에 뒤짐 진다.

사랑하기에 평안히 잠들고 사랑하기에 밤을 지새운다.

사랑하기에 웃고 사랑하기에 운다.

사랑하기에 살고 사랑하기에 죽는다.

...

하지만, 성서는 일반적으로 사람들이 삶에서 경험하는 기뻐하고 분노
하고 슬퍼하고 즐거워하는 희로애락喜怒哀樂의 감정으로 드러나는 일상
의 사랑이야기를 넘어, 하나님이 사랑의 본질이고 이 사랑이 사람과 사
람, 사람과 하나님의 관계를 형성하는 행동양식이라고 말한다. 인간은
이 사랑의 본질 안에서 자신이 누구인가를 알고 인생의 본분을 지켜 살
때 행복하다고 성서는 가르친다. 이 책이 사랑의 본질을 알고 사랑의 관
계 안에서 사랑으로 살고자 하는 모든 이에게, 그 사랑으로 안내하는 아

름답고 좁은 길이 되기를 기대한다.

　길잡이로서, 머리글에서는 하나님과 하나님백성의 관계이해를 위한 안내다. 하나님은 누구이시고 선택받은 하나님백성은 누구인가에 대한 구약성서관점의 신학적인 해석을 다룬다. 거룩하신 하나님과 거룩한 백성에 대한 정체성 이해다.

　1,2장에서는 구약성서에서 사용하는 가장 일반적인 사랑의 언어로서 아하브ahab와 헤세드hesed를 중심으로 사랑의 어휘들을 소개한다. 개별어휘에 대한 개념을 이해하고, 그 의미와 쓰임에 대한 이론적인 내용을 다룬다. 아하브와 헤세드가 어떤 환경과 상황에서 사랑의 관계를 그려내고 있는지, 구약성서 본문을 풀이하고 내용을 정리한다. 사랑을 품는 다른 다양한 어휘들은 간략하게 개념을 정리하고, 사용된 어휘의 삶의 정황을 소개하는 형식을 취한다. 이 책에서는 구약성서에서 사람과 사람, 하나님과 사람의 관계를 이해하고자 한다. 이 주제의 핵심어휘는 헤세드다.

　3장에서는 사람과 사람관계에서 헤세드 사랑은 무엇인지 성서 본문을 중심으로 이야기를 풀어낸다. 가족관계, 친구관계, 군신관계, 외교관계 등, 다양한 관계를 드러내는 성서 본문을 택하여 사용된 헤세드의 어휘적 의미를 이해하고 본문내용을 해석한다. 헤세드가 사용된 성서 본문 전체를 다룰 수는 없으므로, 그리스도인 전통에서 구약성서를 구분하는 오경, 역사서, 예언서, 지혜서, 시가서 분류에 따라 각 책에서 대표적인 내용을 선택하여 사랑의 관계이해를 다룬다.

　이 책의 중심주제이며 핵심내용을 다루는 4장은 헤세드를 통한 하나님과 하나님 백성의 관계이해에 대한 관점을 다룬다. 하나님이 인생들에 베푸시는 헤세드 사랑이 어떻게 드러나는지, 그 사랑을 경험한 사람들의 고백은 무엇인지 주제별로 나누어 성경본문을 선택하여 신학적인 해석을 시도한다. 중심주제는, 하나님 헤세드의 긍휼과 사랑은 추상적인 관념이나 이론이 아니라, 인간역사 안에 하나님 스스로 임재 하셔서 그 사랑을 보여주시고 완성하신 구원의 실제다. 그 사랑은 인간의 죄와 고통을 끌어안는 사랑이며, 용서와 화해로 깨어진 관계를 회복시키고, 새로운 관계를 창조하는 사랑이다. 어떤 상황에서도 인간이 삶을 지탱할 수 있는 능력의 원천이며 은혜다. 하나님 헤세드는 지속적인 현재다.

끝맺음하는 5장은 하나님 헤세드의 절정인 예수의 삶에서 보여주신 사랑에 대한 이해를 다룬다. 예수께서 그리스도로 완성한 하나님 헤세드 사랑 안에 새 명령으로 주어진 인간 사랑의 희망이 똑같이 있음을 살펴본다. 또한, 하나님 주신 눈으로 세상을 보고, 하나님 주신 귀로 세상의 필요를 듣고, 하나님 주신 가슴으로 세상을 살아야 하는 그리스도인의 정직한 삶이 간절한 시대에, 우리의 부르심을 점검하는 장이다.

이 글을 쓰도록 기도와 격려로 헤세드 사랑을 보여준 다양한 목회현장에 계신 복음의 동역자들이자 친구들, 강의실에서 만난 제자들이자 동역의 길에 동참할 친구들, 그분들의 이름을 지면에 모두 담을 수 없어 이렇게 한 줄 글로 감사를 표하지만, 이 책이 한 분 한 분에게 고마움의 보답이 된다면 필자에게는 큰 기쁨이 될 것이다.

이 글이 읽히도록 책으로 만들어지기까지 편집과 출판공정의 모든 것을 맡아서 완성해주신 도서출판 대장간 편집부에 진심으로 감사드린다.

2014년, 봄을 여는 바람을 맞으며

박경희

머리글

　구약성서신학의 가장 중요한 내용 중 하나는 하나님에 대한 관점이다. 하나님은 누구이신가? 구약성서는 하나님을 어떻게 이해하는가? 어떻게 하나님을 묘사하고 있는가? 어떤 방식으로 하나님과 인간의 관계를 구분하고 설명하는가? 하나님에 대한 인간의 경험은 무엇이며, 어떻게 그것을 확인하고 표현하는가? 하나님을 경험하는 핵심적인 내용은 무엇인가?

　이 책은 하나님 백성으로서 한 사람, '나' 와 '하나님' 에 대한 관계를 형성하는 가장 핵심적이고 중요한 요인이 무엇인가를 말하려고 한다. 하나님은 어떤 분이고, 나는 하나님 앞에서 누구인가를 알고자 함이다. 이 깨달음을 위한 중심주제는 하나님과 사람의 관계이해를 설명하는 사랑의 개념으로서 헤세드^{hesed}다. 히브리어 헤세드^{hesed}는 "변함없이 지속적인 사랑"에 어휘적 의미가 있지만, 어떤 현대어로도 정확하게 그 뜻을 해석하여 통일성 있는 하나의 개념으로 번역할 수 없는 성서 히브리어 어휘 중 하나다. 우리말로는 주로 본문내용에 따라 "사랑"사63:7; 렘9:24, "인자"출34:6,7; 느9:17; 사16:5; 미6:8; 시136, "인애"신7:9; 호4:1, 6:6; 욜2:13; 욘4:2, "자비"사54:8, 63:7, "은혜"창20:13; 룻2:20; 삼하2:5; 왕상8:23, 혹은 "은총"왕상2:7; 호2:19, "선대"룻1:8; 수2:12, 혹은 "후대"창21:23; 삼하16:17, "긍휼"욥37:13, "동정"욥6:14 등으로 번역되었다. 영어성경도 우리말과 동일한 맥락에서 해석할 수 있는"steadfast love"변함없이 지속적인 사랑, "love"사랑, 애정, 연애, "loyalty"신의, 충의, 충성, "mercy"자비, 긍휼, 은혜, "faithfulness"신뢰, 진실, "kindness"친절, 호의, 애정, "goodness"미덕, 선의, "benefit"은혜, 유익, 복지, "graciousness"은혜, 선량함, 호의, "unfailing care"지속적인 돌봄, "godly action, achievements"경건한 행동이나 업적, 공로 등의 어휘들을 사용하고 있다. 독일어나 불어 성경도 그 고유 언어가 표현할 수 있는 범주 내에서 다양한 용어들을 사용하고 있다. 이 책에서는 서로 신뢰와 존중을 바탕으로 호의적인 감정을 함축하는 의미로 "변함없이 지속적인 사랑"을 우선순위로 하며, 특정한 하나의 어휘로 해석하기 난해한 경우 히브리어를 우리말로 음역한 "헤세드" 자체로 표현한다. 구약성서에서 사랑을 내포하는 어휘들이 다양하게 사용되지만, 헤세드는 사람들과 사람들의 관계 안에서 상대를 향해 구체적으로 유익이 되도록 적절한 행동양식을 실천하는 사랑이다. 누군가의 사랑과 은혜가 요구되는 특정한 환경에서 서로 신뢰를 바탕으로 책임을 감당하는 약속이며 소통하는 길이다. 하나님과 사람들관계에서 헤세드는 선택하신 백성에게 변함없이 지속적으로 베푸시는 하나님의 한결 같은 사랑과 은혜이며, 그 사랑 안에서 하나님을 경외하고 사랑해야 하는 인간의 응답이다. 따라서 헤세드는 단순히 "사랑"을 말하는 관념적인 언어가 아니라, 드러내고 보여주고 행동하는 실제다.

하나님과 하나님백성

구약성서에서 사랑을 주제로 '하나님과 사람[나]의 관계'를 설명하려면 하나님과 인간에 대한 성서신학 관점의 이해가 전제되어야 한다. 하나님은 어떤 분이고 인간인 나는 누구이며, 하나님과 나의 관계는 무엇인가? 성서 저자들은 하나님의 실존과 본질을 묘사하는데 매우 상징적이거나 은유적인 언어를 사용한다. 인간이 서로 이해하는 방법으로 다양한 성격의 특성을 분류하고, 어떤 한 사람을 '이러이러한 성품을 가진 사람'이라고 규정하듯, 주어진 삶의 정황에서 하나님을 이해하는 성서 저자들의 고백도 비슷하다. 아마도 가장 회화적인 언어로 생생하게 하나님 성품을 표현한 대표자를 선정한다면 예언자 호세아다. 기원전 8세기 중엽 북 왕국 이스라엘의 혼탁한 정치, 불공정한 경제, 우상숭배와 폭력이 난무한 사회 환경에서, 인간을 향한 하나님의 모습을 예언자는 당시 사람들이 이해할 수 있는 언어와 생활환경을 최대한 활용하여 묘사한다. 호세아서의 하나님은 신과 인간, 동물과 식물, 자연생태계의 현상 안에서 직유나 은유 기법으로 그려진다. 정리해보면, 남편을 버리고 다른 남자를 사랑하는 아내 때문에 찢어지는 마음을 부둥켜안고 괴로워하는 '남편' 2:2으로, 지속적으로 자신들의 뜻을 거역하며 반항하는 자식을 사랑으로 품고 인내하며 기다리는 '부모' 11:1,2로, 인간을 지으신 '창조자' 8:14로, 이집트 종살이에서 그의 백성을 해방시킨 '구원자' 13:4로, 이스라엘의 유일하신 하나님 '만군의 주' 12:5로, 인간의 반역과 죄악을 치료하는 '외과 의사' 7:1, 14:4로, 그의 백성 한가운데 거하시는 '거룩하신 분' 11:9,12으로, 멍에를 벗기고 '음식을 공급하는 자' [혹은 본문교정을 통하여 "어린 아기를 불끈 안아 올려 볼에 입을 맞추며 음식을 먹이는 자"로 해석하기도 함]11:4로, 덫을 놓아 사냥감을 포획하는 '사냥꾼' 7:12으로, 어둠을 몰아내고 한 날을 밝히며 삶을 깨우는 '새벽' 6:3으로, 메마른 대지에 물과 영양을 공급하는 '비' 6:3로, 모든 식물을 소생케 하는 '아침이슬' 14:5로, 영원히 푸른 '잣나무' 14:8로, 모든 좋아하는 물질을 먹어치우는 '좀' 이나 부패하게 하는 '세균' 5:12으로, 들짐승을 낚아채서 삼키는 '사자' 5:14, 11:10, 13:8로, 길가에서 조용히 사냥감을 기다리는 '표범' 13:7으로, 새끼를 빼앗긴 성난 '암곰' 13:8으로, 게걸스레 먹잇감을 찢는 '들짐승' 13:8의 모습으로 그려진다. 당시 이스라엘 백성뿐만 아니라, 오늘 이 시대를 사는 우리 또한 부연설명 없이 충분히 이해할 수 있는 은유의 활용이다.

호세아서 예언이 암시하는 삶의 정황에서 다양한 모습으로 이해된 하나님은, 그들 조상에게는 어떻게 경험된 하나님이며, 하나님은 어떻게 사람들에게 자신을 드러내시며, 우리는 그 하나님을 어떻게 알 수 있을까?

거룩하신 하나님

가부장제 중심의 정치, 사회, 경제구조를 토대로 농사와창26:12 이하 목축에 종사했던창13:5 이하, 26:19 이하, 37:12 이하 고대 이스라엘 족장들아브라함과 사라, 이삭과 리브가, 야곱과 레아와 라헬, 요셉과 그의 형제들과 아내들 삶에서 경험되는 하나님은 아버지와 그 아버지의 아버지, 조상의 하나님이다.^창 26:24, 28:13, 31:53, 32:9; 출3:6,15 세대를 통해 섬겨온 한 가문의 하나님, 조상의 하나님은 오늘 여기 나의 하나님이다. 전승된 역사 안에서 경험된 조상의 하나님은 하늘과 땅의 주인이신 "지극히 높으신 하나님"엘 엘욘, el elyon, 창14:19,22이며, "전능하신 하나님"엘 샤다이, el shadai, 창17:1, 28:3, 35:11, 48:3; 출6:3이고, "영원하신 하나님"엘 올람, el olam, 창21:33 이다.

이 하나님은 저 높이 인간의 삶 너머에서 군림하는 신이 아니라, 학대받는 한 여인의 고통을 듣고 살피시는 분이며창16, 한 가정이 파기될 위험에 노출된 부부의 삶을 보호하시고 구하시는 분이며창12:10-20, 20:1-18, 한 젊은이의 불투명한 나그네 삶에 어디로 가든지, 언제 어디서나 함께할 것을 약속하시는 분이며창28:10-15, 형제들에게 외면당한 한 외로운 소년의 인생역전 드라마를 연출하시는 분이며창37,45, 생물학적으로 출산능력이 멈춘 한 늙은 여인이 임신하여 아이를 낳아 품에 안을 수 있게 허락하시는 분이다.창17:15-19, 18:9-15, 21:1-7 한 사람 한 사람의 삶의 자리에 함께하는 하나님이다.

이 하나님은 아무런 조건 없이 하나님 스스로 택하신 한 사람, 한 가문을 기반으로 한 민족을 이루는 약속을 주시고, 그 약속은 세대를 통해 후손들에게 지속적으로 똑같이 지켜진다. 창세기 12장은 하나님이 아브라함을 선택하셔서 '하나님 백성'으로 사는 인생의 문을 여는 것으로 시작한다. 하나님은 아브라함이 큰 민족을 이루고 복이 되며, 그 복으로 땅의 모든 족속이 하나님 백성으로 사는 길이 열릴 것이라고 말씀하신다. 이

복의 시작은 불임인 아내 사라가 자녀를 생산하면서 시작될 것이며, 그 후손들에게 똑같이 상속될 것을 언약으로 확증하신다. 창15, 17 성취된 약속의 증인인 이삭은 하나님으로부터 부모님과 똑같은 복과 미래의 삶을 약속받는다. 창26:2-5 그리고 아들 야곱에게 그 복을 상속하고창27:28, 말씀하신 대로 하나님은 야곱의 인생에 동행하신다. 창28:15, 31:3

아브라함과 사라의 하나님, 이삭과 리브가의 하나님, 야곱과 레아, 라헬의 하나님은 그들 후손이 이집트에서 고된 노동과 학대로 말미암은 고통소리를 들으시고, 조상에게 말씀하신 대로 그 자손들을 기억하신다. 출2:24-25, 3:6,15,16, 6:2-5,8 레위가문에서 선택한 지도자들모세, 아론, 미리암을 통해 하나님은 하나님 방법으로 약속을 실행하신다. 이집트 종살이에서 해방된 이스라엘 후손들은 이제 시내 산에서 장엄하고 거룩한 하나님의 현현하나님 스스로 자기 자신을 인간에게 보이시고 말씀하심을 경험하며, 그 거룩하신 하나님을 예배하는 언약 공동체인 '하나님 백성'으로 거듭난다. 출19-34 하나님은 친히 하나님의 권위와 능력으로 불러낸 사람들 앞에 자기 자신을 보이신다. 어둠처럼 짙은 구름이 산을 덮고, 천둥과 번개가 내리치며, 거대한 나팔소리로 허공을 채우는 거룩한 위엄과 능력으로 강림하신 하나님은 지진을 뚫고 불 가운데 임재 하신다. 출19:16,18, 20:18 본질적으로 거룩한 속성에도 불구하고 하나님은 신의 정체성과 존재를 하나님이 선택한 백성 앞에 명백히 밝히시고, 이제 하나님과 하나님 백성의 관계를 언약으로 선포하신다. 오직 주님만이 그들의 유일한 하나님이심을 선포함과 동시에, 그들이 하나님 앞에서 어떤 삶을 살아야 하는지 열

가지 기준이 되는 말씀들이 주어진다.

> 나는 야훼,
>
> 너를 이집트 땅 종으로 있었던 집에서 데리고 나온 네 하나님이다.
>
> 내 앞에서 너 자신을 위해 다른 신들을 존재하게 해서는 안 된다.
>
> 너 자신을 위해 우상이나 모든 형상을 만들어서는 안 된다.
>
> 너는 그것들에게 절하거나 그것들을 섬겨서는 안 된다.
>
> 너는 네 하나님 야훼의 이름을 헛되이 사용해서는 안 된다.
>
> 너는 안식일을 기억하여 거룩하게 해라.
>
> 너는 네 아버지와 네 어머니를 공경해라.
>
> 너는 살인하지 않아야 한다.
>
> 너는 간음하지 않아야 한다.
>
> 너는 도둑질하지 않아야 한다.
>
> 너는 네 이웃을 향하여 거짓으로 증언하지 않아야 한다.
>
> 너는 네 이웃의 집 소유물에 대해 탐욕을 갖지 않아야 한다. 출20:1-17

위엄과 경이로움으로 가득 찬 하나님의 거룩한 임재 앞에서 사람들의 경험은 죽을 만큼의 두려움이다. 그래서 그들은 자신들을 대표하는 모세에게 하나님이 직접 자신들에게 말씀하지 말고 모세를 통해서 하나님 말씀을 전달받기를 부탁한다. 출20:19 1) 백성이 지켜보는 가운데 흑암 속에

---

1) 모세가 소명 받는 이야기에서도 하나님 임재의 상징은 불꽃이다.(출애굽기 3장) 모세는 불

서 하나님 현존을 경험하는 모세에게, 하나님은 현재 이스라엘 자손들이 하나님 현현의 증인임을 선포하시며 언약공동체의 삶의 원리로서 법을 수여하신다.출20:22-23:19 이 법 조항들은 하나님 앞에서 사람과 사람이 상호관계 안에서 교제하며 소통하는 원칙들이고 서로 존중하는 예의이며, 인간이 평등하게 살아가는 어울림의 조건들이다. 하나님 자신이 직접 사람 가운데 오셔서 '너와 나' 의 관계를 보여주신 것이다. 하나님의 거룩하심은 신비하고 초월적인 영역에 머무는 것이 아니라, 하나님 자신이 사람 가운데 거하심으로 인간과 교제의 길을 열어주신 것이다. 사람이 만든 어떤 모양과 형상으로 신전에 안치되어 숭배받는 신이 아니라, 인간에게 직접 자신의 존재를 알리시고 말씀"내가 하늘로부터 너희에게 말하는 것을 너희 스스로 보았으니, 너희는 나를 너희를 위해 은이나 금으로 된 신의 형상을 만들어서는 안 된다"(출20:22-23)하시므로 관계 안에서 함께 하시는 하나님이다.

하지만, 모세가 사십일[2] 동안 흑암 가운데 하나님을 만나고 있을 때, 기다림에 지친 산 아래 사람들은 반역하는 소요를 일으켰다고 성서 저자

가운데 있으나 타지 않는 떨기나무 가운데서 말씀하시는 하나님을 경험한다. 거룩하신 하나님 임재는 곧 그 장소가 거룩함을 의미하며, 하나님은 모세에게 거룩함에 대한 존엄성을 표현하는 예절로 신발을 벗도록 요구하신다. 하지만 이 장엄한 광경이 펼쳐지고 있는 같은 장소에서 엘리야는 전혀 다른 상황에서 하나님을 만난다.(열왕기상 19장) 산을 가르고 바위를 쪼개는 강풍이 지나가고 땅이 진동하며 지진 후에 불이 있었지만, 하나님은 전혀 다른 방법, '아주 낮고 부드럽게 속삭이는 음성' 으로 엘리야에게 말씀 하신다: "엘리야, 너 여기서 무엇하고 있느냐?" 하나님의 거룩한 속성은 인간의 생각과 개념으로 한정할 수 없는 그 이상의 신의 본질이다.

2) 성서에서 '사십일' 은 오랜 기간을 상징하며 고난을 의미한다. 예를 들면, 노아시대 비가 사십일 동안 내려 대홍수를 초래했고, 이스라엘 백성이 약속의 땅 가나안 정탐 후 반역함으로 사십년 광야생활을 했으며, 예수께서 사십일 금식하신 후 공적인 사역을 시작하셨다.

는 기록한다.출32 사람들은 아론에게 이집트에서 그들을 이끌고 나온 모세, 신과 자신들의 중재자인 사람이 어찌 되었는지 알 수 없으니 자신들을 인도할 다른 신들을 만들라고 요구한다. 하나님과 함께 사라져 침묵하는 모세의 부재가 불안을 가져온 것이다. 결국, 사람들은 치장하고 있던 금장식들을 모아 금송아지를 만들고 자신들을 이집트 땅에서 데리고 나온 신으로, 또한 불확실한 미래를 인도할 신으로 인준하는 한바탕 축제를 벌인다.

황소나 송아지 형상은 고대근동지역에서 풍요와 전쟁을 상징하는 우상으로 나무로 조각하여 금으로 입히거나 전체를 금으로 주조하여 만든 것들이 고고학 발굴현장에서 출토되었다. 가나안 판테온 신전에서 황소는 신들의 아버지 엘El에게 헌납된 형상이며, 이집트에서도 태양신 아몬 레Amom-Re는 황소형상으로 모든 신의 우두머리다. 이 사건으로 모세는 자신의 생명을 담보로 백성을 위해 하나님께 용서를 간구한다.출32:30-32 또한, 하나님께서 친히 이 사람들을 주의 백성으로 인정하시고 함께하시며, 앞으로 가야할 길을 인도해주실 것을 간청한다. 하나님께서 모든 요구를 들어주시겠다고 약속했음에도 불구하고 모세는 계시로 확증 받기를 원한다. 처음 조상의 하나님이 누구이신지 그 이름을 물었듯이, 이제 하나님이 어떤 분인지 확실히 보여주심으로 언약관계를 확증해달라는 지도자로서의 책임 있는 결단을 고백한다.출33:12-23

모세가 불타오르는 떨기나무 가운데서 말씀하시는 조상의 하나님 이름이 무엇인지 질문했을 때, 하나님은 존재 자체로 하나님이라고 말씀하신다. 정확하게 고유명사로 드러나는 이름이 아니라, 인간의 언어로 표현됨에도 불구하고 인간의 한정된 언어개념을 넘어서는, 신의 속성을 표현하는 동사 형태로서 말씀하신다.[3] 이제 신실하신 주님의 이름으로 불확실한 미래를 걱정하는 모세에게 언약을 갱신하기에 앞서 하나님은 인간의 성격을 드러내듯이 신의 품품을 설명하신다.

주께서 그의모세 앞을 지나가시면서 선포하셨다

야훼, 야훼

긍휼히 여기시고 은혜로우시며

화내기를 더디 하시며

변함없이 지속적인 사랑헤세드과 진리가 풍성한 하나님이다

변함없이 지속적인 사랑을 수천 대에 베푸시고

---

3) 출애굽기 3:14에서 하나님 이름은 존재를 의미하는 동사 하야(hayah "존재하다," "무엇이 되다," "출현하다," "발생하다," "시작하다")의 단순능동 형태 미완료시제 1인칭 공동성 단수로 표기한다: 에흐에 아세르 에흐에 (ehyeh asher ehyeh). 아세르는 관계대명사다. 문자적으로 "나는 나다," "나 이고자 하는 것 그것이 나일 것이다," 혹은 "내가 증명해 보여야 하는 것 그 자체가 나일 것이다"는 의미로 번역이 가능하다. 우리말 성경 개역개정에는 "나는 스스로 있는 자이니라"로, 표준새번역에는 "나는 스스로 있는 나다"로 번역되었다. 하나님 이름을 표기하는 네 개의 자음 YHWH (아도나이, 우리말로는 "여호와"로 음역하거나 "주 혹은 주님," 영어는 "The LORD"로 번역됨) 야훼는 존재동사 하야에서 비롯되었다. 하나님 이름에 대한 히브리어 자음 네 글자(YHWH)의 우리말 음역은 한글맞춤법에 따르면 '여호와' 가 아니라 '야훼' 혹은 '야웨'가 바른 표기다. 처음 우리말성경이 번역될 때 '여호와'라는 고유명사로 사용하다보니, 전통적으로 하나님 이름을 고집하는 표기로서 수정작업을 거부하는 것이 아닌가하는 개인적인 생각이다. 개역개정판은 "여호와"로, 공동번역본에서는 "야훼"로 음역하고 있으며, 표준새번역 본에서는 "주" 혹은 "주님"으로 번역된 명칭을 사용한다. 이 책에서 인용된 성경본문은 특별히 인용한 성경번역본을 제시하지 않는 한, 구약성서 히브리어본과 신약성서 그리스어본을 기준으로 저자가 해석하였음을 밝힌다.

허물과 악과 죄를 용서하시는 분이다

그러나 어떤 경우에도 죄를 반드시 들추어내어 청산하게 하시며

삼사 대 자손에 이르도록 찾아가서

조상의 죄를 묻고 깨우치게 하시는 분이다. 출34:6-7

이 하나님 성품에 대한 이해는 구약성서 다른 본문들의 다양한 상황에서 하나님이 어떤 분이신지 경험하고 고백할 때마다 차이는 있지만, 부분적으로 반복되어 인용되고 있다. 하나님 백성이 약속의 땅을 향한 여정에서 가나안을 정탐하고 나서, 백성의 원망이 하늘을 찌르고 지도자들을 돌로 치려는 위기상황이 발생한다. 이에 하나님의 진노가 임하고 중재에 나선 모세는 "야훼는 화내기를 더디 하시며 헤세드가 풍성한 분이시며 죄악과 허물을 용서하는 분"이라고 말씀하신 것 같이, 이제 큰 능력을 베푸셔서 이집트에서부터 지금까지 그들을 용서해주신 것 같이 사해주실 것을 간구한다. 민14:17-19 사십 년 광야생활을 마치고 마침내 요르단 강을 건너 약속의 땅에 진입하기 전, 자신의 삶과 사역을 마무리하며 모세는 백성에게 "야훼는 삼사 대에 이르기까지 조상의 죄를 물어 깨닫게 하시는 분이며, 그를 사랑하고 그의 명령을 지키는 사람에게는 헤세드를 수천 대에 이르도록 베푸는 분"이니 하나님을 거역하지 말 것을 거듭 당부한다. 신5:9,10

예언자들의 고백에서도 이 하나님 성품이 드러난다. 하나님께서는 예레미야에게 유다 백성을 바빌로니아 포로생활을 하게 하고 나중에 회복

시키실 것에 대한 약속의 상징으로 고향 땅 아나돗에 있는 사촌의 밭을 사도록 명령하신다. 하나님 말씀을 순종하여 밭을 사고 매매증서를 받은 예레미야는 "주께서는 헤세드를 천대에 베푸시고 조상의 허물을 그들 후손의 품에서 깨우쳐 온전케 하시는 큰 능력의 하나님이시요, 그의 이름이 만군의 주님이십니다"라고 기도한다.렘32:18 자연재해로 말미암은 국가의 총체적 위기를 경험하며 요엘은 온 백성에게 옷을 찢는 금식의 외형적인 모습이 아니라, 마음을 찢는 진실함으로 애통하며 하나님께 나올 것을 촉구한다. 주 하나님은 "은혜로우시고 자비를 베푸시며, 화내기를 더디 하시며 헤세드가 풍성하신 분이니" 심판의 뜻을 돌이켜 재앙을 내리지 않으실 수 있기 때문이다.욜2:13 기원전 8세기, 앗시리아의 큰 성 니느웨가 멸망하기를 바랐으나 하나님이 용서하시고 치유하시는 것을 보며 요나는 불만을 토로한다. 하나님은 "은혜로우시고 긍휼히 여기시는 분이며, 화내기를 더디 하시며 헤세드 사랑이 넘치시니 이 악에 대해서 마음을 돌이키시고 용서하실 것을 내가 알았기에 다시스로 도망갔던 것입니다"고 자신의 심경을 고백한다.욘4:2 하지만, 니느웨의 멸망을 예언한 나훔은 "하나님은 노하시기를 더디 하셔서 큰 능력으로 순전한 사람을 보호하시지만, 혐의가 있는 사람을 결코 용서하지 않는 분"이라서 니느웨가 황폐하고 공허해질 것이라고 선포한다.나1:3 결국, 앗시리아의 수도 니느웨는 기원전 612년 바빌로니아에 의해 함락된다.

기원전 5세기 중엽 바빌로니아 포로에서 귀환한 사람들은 느헤미야의 지도로 예루살렘 성벽을 중건하고 하나님 앞에서 민족의 정체성을 재확립하고 언약공동체로서의 삶을 살 것을 결단한다. 이스라엘 자손들이 모두 모여 금식하며 자기들의 죄와 조상의 허물을 자복하는 기도를 드리는데, "하나님은 은혜로우시며 긍휼히 여기시며 화내기를 더디 하시며 헤세드가 풍부하시므로" 자기 조상의 교만과 패역을 용서하시고 그들을 버리지 않으셨다고 고백한다.느9:17,31

　시편 기자들의 시와 감사고백, 찬양에서도 하나님은 같은 맥락에서 경험된다. 시인은 어떻게 하나님이 먼지와 같고 들풀과 같은 인생을 사랑하시고 생명을 주시는지를 묘사하는데, "긍휼이 풍성하시고 은혜로우시며 좀처럼 화를 내지 않으시고 헤세드가 풍부하시므로" 하나님을 경외하는 사람에게 영원에서 영원까지 변함없이 지속적인 사랑이 이르게 하신다고 고백한다.시103:8,9,17 또 다른 찬송 시에서도 "야훼는 은혜로우시며 긍휼을 풍성히 베푸시며 화를 더디 내시며 헤세드가 크셔서 모든 것을 사랑하시며 그 지으신 모든 것을 긍휼히 여기신다"고 찬양한다.시145:8,9 시편 111장은 하나님이 어떤 분이신지를 소개하며 감사함으로 그 분께 나오도록 정직한 회중들의 모임으로 초대한다. 지혜의 근본은 야훼를 경외함에서 비롯되는데, 이는 하나님이 진리와 정의로 세우신 의는 영원하며, 언약을 변치 않고 영원히 기억하시며, 존귀와 엄위하심으로 행하신 일들이 "은혜로우시며 자비로우시기" 때문이다.시111:4

　거룩하신 하나님 주권은 이 책에서 핵심주제로 다루려고 하는 '헤세드'를 포함한다. 하나님의 거룩한 속성을 표현하는데 헤세드는 "진리", "진실함", "성실", "신뢰", "믿음"을 의미하는 에메트emet와 병행하여 관계 안에서 인간을 향한 하나님의 신실하심을 드러낸다. 인간을 향한 하나님 헤세드의 진실하심은 언약에 의한 하나님과 하나님 백성과의 관계를 확인시켜주는 거룩한 약속이다. 하나님 헤세드는 불확실하거나 환경에 따라 변덕스러운 사랑이 아니라, 언제나 똑같이 세대를 통해 지속적으로 지켜지는 상호 신뢰의 관계다. 그 사랑이 수천 대에 이른다는 것은 하나님 헤세드 사랑은 변하지 않는 속성을 의미한다. 헤세드 사랑으로 맺어진 언약은 또한 파기해서는 안 되는 맹세를 포함한다. 물론 이스라엘 역사 속에서 이 관계를 깨뜨린 사람들이 심판을 경험하지만, 하나님은 결코 그들을 외면하지 않으신다. 하나님과의 언약을 파기함으로 자신들의 삶의 여정에서 가장 치욕스런 포로생활을 경험하고 있는 유다 백성에게 이사야 예언자를 통해 하나님 헤세드는 여전함을 보여준다.

> 내가 잠시 너를 버렸으나 큰 긍휼로 너를 반드시 모을 것이다
> 홍수처럼 넘쳐흐르는 분노로 내 얼굴을 잠시 네게서 숨겼으나
> 영원한 사랑헤세드으로 너를 긍휼히 여길 것이다
> 네 구속자 주가 말씀하신다.

> 산들이 떠나가고 언덕들이 옮겨질지라도
> 나의 사랑헤세드은 너를 떠나지 않을 것이며
> 나의 평화 언약은 흔들리지 않을 것이다
> 너를 긍휼히 여기시는 주가 말씀 하신다. 사54:7-8,10

이스라엘역사 속에서 야훼, 이스라엘의 거룩하신 분은 그의 백성에게 어떤 신들과도 견줄 수 없는 유일하신 분이다. 하나님의 절대주권으로 행하시는 권능을 능가할 자 없으며, 하나님의 지혜는 인간의 사고와 이해로 한정할 수 없음을 그들은 고백한다. 자신들을 뒤 쫓아오는 강력한 이집트 군대 앞에서 홍해를 건너는 기적을 체험한 후, 미리암과 모세는 백성을 이끌고 승리의 노래를 부르며 주 하나님의 절대 존엄성을 외친다: "오 주님, 신들 중에 주와 같은 이가 누구입니까? 주와 같이 거룩하심으로 영예롭고 찬송할만한 위엄이 있으며 기적을 행하는 자가 누구입니까?"출15:11 모세는 이집트 종살이에서 해방된 사건과 사십 년 광야생활을 회고하며 주 하나님처럼 신이 인간과 가까이 한 나라가 어디 있으며, 자신들이 받은 토라와 같이 공의로운 법을 가진 나라가 어디 있느냐고 백성을 격려하며 긍지를 심어준다. 신4:7-8

욥과 그의 친구들 사이에 반복적인 논쟁이 있은 후, 욥은 폭풍우 가운데 임재하신 하나님으로부터 인간이 신의 영역을 헤아릴 수 있는가에 대한 질문을 받는다: "내가 땅의 기초를 놓을 때 네가 어디 있었느냐? 네가 깨달아 알고 있다면 말해 보거라"욥38:4; "너에게 하나님과 같은 능력이 있느냐, 하나님처럼 네가 천둥소리를 낼 수 있겠느냐."욥40:9 욥과 세 친구, 엘리바스, 빌닷, 소발의 담화 후에 여전히 욥의 결백을 반격하고 나선 엘리후는 인간의 한계성을 지적하며 하나님 영역을 헤아릴 수 없음을 주장한다. 하나님은 그 권능으로 높이 계시므로 하나님처럼 교훈을 베풀 수 있는 선생이 없고, 인간은 높이 계신 하나님을 알 수 없으며, 하나님의 연수를 헤아릴 수 없다고 자신이 이해한 신의 전능성을 설명한다. 욥36:22,26 하나님은 우리가 헤아릴 수 없는 자연세계를 통해 큰일을 행하시는 분이니 조용히 깨달으라고 충고한다. 욥37:5,14

　시편 기자들의 고백에서 주 하나님은 어떤 신들과도 비교할 수 없는 위대하신 지존자시며 시77:13, 86:8, 89:6-8, 95:3, 96:5, 97:9, 하나님이 행하신 큰일 또한 따를 자가 없다. 시71:19, 74:13-17, 92:5 더불어 하나님이 나타내시는 공의와 정의는 인간이 측량할 수 없음을 노래한다. 사5:16; 시71:15-19 등 성전봉헌기도에서 솔로몬은 하나님의 신실하심으로 베푸시는 은혜는 누구와도 비교할 수 없음을 고백한다. 왕상8:23 시편 136편에서 시인이 감사와 찬양으로 고백하는 하나님의 선하심과 헤세드 사랑의 영원함은 하나님 백성의 과거와 현재와 미래다.

　하나님의 거룩하신 속성으로서 권위와 신비는 인간이 형상화할 수 있는 것이 아니며, 어떤 대상과도 비교할 수 없다고 예언자들은 선포한다. 사40:18,25; 렘10:14-16 등 성서 저자 중 누구보다도 예언자 이사야는 하나님 자신의 권위로 유일한 주권을 선포하는 증언들을 전한다.

　　나는 야훼다 그것이 내 이름이다
　　나의 영광을 다른 이에게,
　　나의 찬송을 우상들에게 주지 않을 것이다. 42:8

　　나, 내가 야훼다, 나 외에 구원자는 없다. 43:11

나는 야훼 너희의 거룩한 자요,
이스라엘의 창조자요 너희의 왕이다.[43:15]

이스라엘의 왕인 야훼,
그의 구원자인 만군의 주가 이와 같이 말씀 하신다
나는 처음이고 나는 마지막이다
나 외에 다른 신은 없다.[44:6]

나는 야훼다 다른 이는 없다.[45:5,6,18,21,22]

너희는 옛일을 기억해라
나는 하나님이기 때문이다 다른 이는 없다
나는 하나님이다 나와 같은 이는 없다.[46:9]

　이방 땅에서 포로생활을 하는 백성을 잊지 않으시는 하나님, 그들
가운데 거하시는 이스라엘의 거룩한 자, 야훼는 유일한 창조주시며[사
40:25,28, 42:5, 43:15, 45:7,8,12], 선택한 백성을 잊지 않으시고 해방할 구원자
로서 새로운 출애굽을 허락하실 것이고[사43:3,14, 44:21,24, 45:21, 47:4, 48:17,
54:8], 종국적인 인류의 미래, 새 세계를 여는 분이다.[사43:19, 65:17, 66:22] 하
나님의 거룩한 속성은 단순히 인간의 생각과 이해를 초월한 신의 신비와
능력이 아니라, 하나님의 하나님 되심을 우리에게 보이시는 온전함이고

완전함이다.

정리하면, 하나님의 거룩하심은 인간이해의 한계를 넘어서는 신의 주권과 통치, 권위와 능력, 신비와 경이로움 등으로 드러나는 하나님의 속성을 의미한다. 그러나 주 하나님은 자신의 이름으로 하나님이 누구신가를 우리에게 밝히 드러내시고, 하나님의 거룩하심으로 친히 사람 가운데 거하시는 분이다. 거룩하신 주 하나님은 어떤 대상과 비교할 수 없는 주권을 행사하시는 유일하신 창조주며 구원자다. 하나님의 거룩하신 속성을 품는 헤세드는 하나님과 그 백성의 관계 안에서 지속적인 사랑과 신뢰로 드러난다.

거룩한 하나님백성

자신을 친히 인간에게 보이신 하나님은 선택한 사람들과 특별한 관계, 언약 안에서 헤세드 사랑으로 교제하기를 원하신다. 성서에서 '하나님백성'의 정체성은 하나님께서 자녀가 없는 한 부부, 아브라함과 사라를 부르시고 그 후손들을 통해 큰 민족을 이루겠다고 말씀하신 약속에서 비롯된다. 자신의 어떤 주도권도 배제된 상황에서 아브라함은 하나님의 부르심을 받고 선택된 사람으로서 후손과 땅과 풍요를 약속받는다. 성서 저자는 반복해서 사라의 불임을 언급하면서창11:30, 16:1-2, 17:17-18, 18:10-14, 어떻게 하나님이 출산능력을 상실한 이미 늙은 여인에게서 생명의 역사가 시작되는지 보여 준다: "하나님은 말씀하신 대로 사라를 방문하셨

고, 선포하셨던 대로 사라에게 행하셨습니다."창21:1 하나님 약속의 실현
은 백세 된 남편과 구십 세 된 아내에게서 한 아이가 태어나면서 시작된
다. 건강하고 유능하며 많은 자녀가 있는 가문에서 후계자를 선택하신
것이 아니라, 하나님의 소유된 백성으로서 공동체를 만드시기 위해 한
생명을 창조하신 것이다.

　이 특별한 관계는 언약 안에서 유효하다. 창세기 15장에서 하나님은
아브라함의 보호자가 되시며 그가 받을 상급이 크다고 말씀하신다. 아
브라함은 상속할 자식 하나 주시지 않아 가속 중 다마스쿠스 사람 엘리
에셀에게 자신의 소유를 물려줄 처지인데 무엇으로 그 보상의 가치를 아
느냐고 반문한다. 하나님은 하늘의 별들을 헤아릴 수 없듯이 아브라함
의 후손들도 그렇게 이 땅에서 번성할 것이라고 말씀하신다. 이 황당한
약속을 하시는 하나님을 아브라함이 신뢰하니 하나님은 그가 의롭다고
인정하신다. 훗날 이삭에게 하나님은 그의 아버지 아브라함에게 행하셨
던 것처럼 동일한 약속을 하시며, 아들에게 아버지를 칭찬하시므로 선
택된 가문의 삶과 신앙이 어떻게 지켜져야 하는지 교훈하신다: "이는 아
브라함이 내 목소리에 순종하고 내 명령과 율례와 법을 지켰기 때문이
다."창26:5 하나님은 또한 현재 아브라함에게는 나그네로 살고있는 가나
안 땅을 후손들에게 주실 것을 약속하신다. 다른 사람들이 잘사는 땅을
강제로 빼앗아 주겠다는 약속이 아니라, 죄악으로 더럽혀진 땅을 하나님
백성으로 하여금 회복하겠다는 약속이다. "나는 야훼, 너에게 이 땅을 주
고 그것을 소유하도록 갈대아인의 우르에서 너를 데리고 나온 자다….

그 날에 주께서 아브라함과 언약을 맺으시고 말씀하시기를, 네 후손에게 이집트 강에서부터 그 큰 강 유프라테스까지 내가 이 땅을 줄 것이다."창 15:7,18 아브라함은 희생제물을 번제로 바치는 고대 예배의식을 통해 이 약속을 주시는 하나님을 경험한다. 제단 위에 제물을 준비해두고 기다리던 아브라함은 해가 지면서 깊은 잠속에 빠져들고 큰 어둠에 갇혀 두려움에 휩싸인다. 신비롭고 경이로운 하나님의 거룩하신 임재 안에서 아브라함은 지금은 자신이 나그네로 머물고 있지만, 후손들에게 선물로 주어질 약속의 땅을 언약으로 확증 받는다.

창세기 17장은 후손과 땅에 대한 약속을 다시 언급하면서 언약관계에 대한 이해를 이끌어낸다. 언약 안에서 아브라함과 그의 후손들에게 하나님 되심을 선포하신다: "내가 내 언약을 나와 너, 네 대대 후손 사이에 세워서 영원한 언약이 되게 하고, 너와 네 후손을 위하여 하나님이 될 것이다."7 이 언약은 고대 근동지역에서 일반적으로 체결하는 갑과 을의 불평등 조약이나, 상호 간의 의무와 책임을 감당하는 계약적 맹세로 드러나는 관계가 아니라, 하나님이 약속하신 바대로 이루시겠다는 하나님 은혜와 복을 주시는 선물이다. 하나님 백성에게 언약은 하나님 은혜 안에서 주어지는 약속이다. 따라서 약속의 성취는 하나님 백성으로서 하나님을 향한 신뢰와 순종을 바탕으로 이루어진다. 하나님은 아브라함과 언약을 세우시기에 앞서 "나는 전능한 하나님이다 너는 내 앞에서 스스로 걷고 온전해라1b"라고 명령하신다. 여기서 걷는다는 의미는 단순히 길을 걷는 방법을 말하는 것이 아니라 삶을 살아가는 태도를 일컫는다. 자신이 한 행동을 자신이 받는 재귀형태 동작으로 명령형이다. 하나님 앞에서 스스로 겸비하여 바른 방향을 찾아가라는 것이다. 온전하다는 뜻은 흠이 없는 전체를 이루는 것, 거짓 없이 순전한 것을 의미한다. 고대 이스라엘 사회에서 특별히 하나님 앞에 제의예배에 드려지는 예물의 상태를 말한다. 하나님 앞에서 흠 없이 드려지는 제물처럼 온전하도록 자신을 경계하여 바른 삶을 살아야 하는 의무가 요구되는 것이다. 하나님 언약은 전적으로 하나님 은혜와 선택에서 비롯되지만, 언약 안에 있는 사람은 하나님 백성으로서 그 언약을 받아들이고 순종하는 믿음이 요구된다. 하지만, 고대근동지역에서 일반적으로 이해하는 인간이 신의 뜻을 잘 받들고 순종하면 복을 받고, 신의 뜻을 거역하면 저주를 받는 인과응보因果應報 관점에서 바라보는 신앙의 태도와 신학적인 해석이 아니다. 하나님의 은혜로 주어진 선물에 대하여 응답하는 신실한 자세다. 받은 사랑에 대한 고마움을 실천하는 사랑의 되돌림이다.

하나님은 늙은 사라에게 복을 주어 가문을 상속할 자식을 주시고, 그 자식의 후손들이 많은 민족을 이루고 통치하는 왕들이 되므로, 민족들의 어머니가 되는 복을 주신다고 말씀하신다. 이 황당하고 어이없는 상황에서 아브라함은 얼굴을 떨구고 웃으며 자신에게 말한다: "백세 된 사람에게 아이가 태어나고 사라가 구십 세인데 아이를 낳는다!"[17] 아브라함은 하나님께 마치 "아 하나님, 이제 그만 하시지요…"라고 심정을 토해내듯, "오, 이스마엘이나 당신 앞에서 살기를 원합니다"[18]라고 고백한다. 이에 하나님은 사라에게서 태어날 아이의 이름까지 주시며, 아브라함과 그랬던 것처럼 그 아들과 언약을 세우고 그 후손들에게 영원한 언약이 될 것을 반복하여 말씀하신다. 그렇게 하나님은 구십 노인 사라를 통해 그 영원한 언약의 문을 여신다. 이삭이 태어난 것이다!

한 사람, 한 가문에서 시작된 하나님 약속은 때가 이르러 이집트에서 종살이하던 그의 후손들을 해방하신다. 약속의 땅을 향한 여정에서 시내산에 이르러 언약을 맺음으로 "너희들을 내 백성 만들고 나는 너희들의 하나님이 되는" 출6:7a 약속이 실행된다. 종살이에서 자유를 얻은 사람들은 '거룩하신 하나님' 앞에서 '거룩한 백성'으로 거듭난다. 이는 하나님의 전적인 사랑에 바탕을 둔 유일한 관계, 하나님의 '특별한 소유'가 되는 것이다.[4] 구약성서에서 가장 확실하게 하나님 백성의 정체성을 증언하고 있는 본문은 신명기 7장 6-8절을 예로 들 수 있다.

> 너는 네 하나님 야훼께 거룩한 백성이다
> 네 하나님 야훼가 너를 하나님의 특별한 소유로 그의 백성이 되도록
> 이 땅의 모든 민족 중에서 선택하셨다.
> 주께서 너희를 기뻐하시고 너희를 선택하신 것은
> 너희가 모든 민족보다 수효가 많기 때문이 아니라
> 오히려 너희가 모든 민족 중에 가장 적기 때문이다.

---

4) 출애굽기 19:5의 "내 소유," 신명기 7:6의 "자기 기업의 백성"으로 번역된 "소유"와 "기업"은 동일한 히브리어 어휘 "쎄굴라(segulah)"이다. 쎄굴라는 단순히 소유물이나 재산을 의미하는 것이 아니라, 선택된 "가치 있는 귀중품" 혹은 "특별한 보물로 구별한 유일한 것"을 뜻한다. (참조, 신명기 14:2의 "자기 기업의 백성"; 신명기 26:18의 "보배로운 백성"; 시편 135:4과 말라기 3:17의 "특별한 소유")

그것은 주께서 너희를 진실로 사랑하시고
너희 조상에게 맹세하신 그 맹세를 지키기 위해
주께서 능력의 손으로 너희를 데리고 나오셨고
종살이하던 집, 이집트 왕 파라오의 손에서 구속하셨다.

  거룩하신 하나님 앞에서 구별된 사람들은 이제 거룩한 일상을 살아야 한다. 하나님은 자신이 거룩하신 것처럼 그의 백성도 거룩하라고 요구하신다. 레위기 19장 2절은 주님의 이름으로 거룩한 삶의 구체적인 행동양식들을 제시하기에 앞서 "너희들은 거룩해야 한다. 왜냐면 나 야훼, 너희들의 하나님이 거룩하기 때문이다"참조, 레11:44-45, 20:7,26라고 선포하신다. '거룩하신 하나님' 앞에서 '거룩한 백성'으로서 예배공동체의 정체성을 분명히 요구하신 선언이다. 하나님을 경외하고 예배하는 삶은 단순히 속죄와 감사의 의식을 행하는 것이 아니라, 정의와 공의를 실천하는 경건한 행동양식을 동반한다. 경건한 삶은 하나님을 닮는 것이다. 출애굽기 20장 2-17절의 열 가지 명령들과 동일한 순서를 따르고 있지는 않지만, 레위기 19장 3-18절은 이 말씀에 대한 항목들이 상세하게 제시되면서 예배공동체의 거룩한 삶을 강조한다. 제시된 말씀에 대하여 "나는 야훼, 너희 하나님이다" 혹은 "나는 야훼다"로 각 단락을 마무리하므로, 성서 저자는 말씀하신 이가 하나님 자신이심을 신의 이름으로 인증한다.
  하나님 백성의 거룩한 삶은 인간의 도덕적 가치와 윤리적 기준을 따라 사는 것이 아니라, 하나님이 주신 삶의 원리를 따라 사는 것이다. 고대 이스라엘 백성이 예배공동체로서 거룩함을 실천하는 행동양식들은 레위기 17-26장에 성결법령으로 규정된다. 부분적으로는예를 들면, 짐승을 희생 제물로 불태우는 번제의식이나 노예제도 등 고대 이스라엘에서 지켜야했던 종교적 규정이나 생활양식들이 현대 우리 사회제도에서는 적합하지 않은 요인들이 존재한다. 하지만, 법정에서 정의를 실현하는 일, 상도를 지키는 것, 가난한 자들과 나누는 삶, 장애자 보호, 성매매 금지, 폭력금지, 점술이나 사기로 사람을 미혹하는 일 금지, 거짓진술로 결백한 자에게 누명 씌우는 일 금지, 외국인 차별금지 등은, 현대를 사는 그리스도인들에게도 똑같이 적용되는 거룩한 삶의 행동양식이다. 이 거룩한 삶을 실천하는 기준은 바로 이웃에 대한 사랑이다. 레위기 19장 18절 "너는 네 이웃을 네 자신처럼 사랑해야 한다"라는 말씀은 예수께서 가장 중요한 계명이 무엇인지를 묻는 서기관에게 답을 주실 때 인용하신 구절이다.마 22:39; 막12:31; 눅10:27 사도 바울은 다른 사람을 사랑하는 사람은 이미 십계명을 완성한 사람이라고 강조하며 이 말씀을 인용한다.롬13:9; 갈5:14 사도 야고보도 동일한 맥락에서 사람을 차별하지 않는 '최고의 법'이라고 이 말씀을 소개한다.약2:8 하나님의 사람들이 공동체를 구성하고 한 사회의 구성원으로 살아가는 삶의 기준은 자신을 통해 친구를 바라보는 사랑이다.

정리하면, 하나님 백성은 하나님이 사랑하셔서 선택한 사람들이다. 단순한 선택이 아니라 특별히 구별하여 소중하게 간직하는 보물과 같은 존재다.출19:5; 신7:6, 14:2, 26:18; 말3:17 하나님은 자신의 소유된 백성을 거룩하게 구별하시고 교제하기를 원하신다. 따라서 하나님 백성은 하나님이 거룩하신 것처럼 거룩한 삶을 살아야 한다. 거룩한 삶은 하나님이 명령하신 말씀대로 사는 것이다. 이것이 곧 경건이고 예배다: "그러므로 너는 오늘 내가 너에게 행하라고 명령한 그 명령과 그 규례와 그 법도를 지켜야 한다."신7:11

1장
구약성서의 사랑 언어
– 아하브ahab

어원학적으로는 확실하게 어떤 의미에서 유래했는지 어근이 분명하지 않지만, 구약성서에서 가장 포괄적이며 일상적으로 사용하는 사랑의 언어는 아하브다.[5] 아하브는 가장 보편적으로 사람과 사람, 사람과 소유물, 하나님과 사람과의 관계이해를 드러내는 사랑과 애정 표현의 도구다. 어떠한 사랑이든 그 좋아하는 감정을 드러내는데 가장 일반적으로 사용된 아하브는 열정적이고 간절한 마음으로 표현하는 애정을 묘사한다. 동사 아하브ahab는 "사랑하다", "좋아하다", "호의를 보이다"라는 뜻으로, 주로 연애감정으로 호감을 갖거나, 특정한 선택, 기쁨, 친구 등을 의미하는 어휘들과 어우러져 친밀한 관계에서 오는 사랑하는 감정을 표현한다. 명사로 구분되는 아하바ahabah, 아하브ahab, 오하브ohab는 "사랑", "애정", "연애", "호감", "애인", "친구"를 의미한다. 반대 개념으로는 주

---

5) 주목할 만한 학설로는 두 가지 이론이 있는데, 아랍어 합바(habah) "(추구하는 것에 대한 욕망으로) 숨을 크게 쉬다" 혹은 "(어떤 일로) 흥분하다"에서 유래했을 것으로 추정한다. 다른 하나 역시 아랍어로 "피부," "가죽"을 의미하는 이하브(ihab)에서 유래했을 것이라고 가정한다. G. Wallis, "אהב" in *Theological Dictionary of the Old Testament*, 1:102; D. Winton Thomas, "The Root אהב 'love' in Hebrew," *Zeitschrift für die alttestamentliche Wissenschaft* 57(1939), 61, 64.

로 샤네shane "미워하다", "싫어하다", "혐오하다" 가 쓰이는데 두 언어가 동시에 등장하여 대비를 이루며 상반되는 감정을 드러내는 다양한 성서 본문들이 있다.

레아가 야곱에게 미움을 받지만, 첫 아들 르우벤을 낳고 남편이 자신을 사랑할 것을 기대한다.창29:31,32 하나님은 언약공동체에 하나님을 사랑하는 자와 하나님을 미워하는 자의 삶의 결과를 말씀하신다.출20:5,6; 신5:9,10 성결 법전에서 교훈하는 거룩한 삶의 태도는 형제를 마음으로 미워하지 않는 것이며 이웃을 사랑하는 것이다.레19:17,18 신명기 법전에서는 고대 이스라엘사회에서 일부다처제를 허용하는데, 만일 사랑받는 부인과 미움받는 부인이 있어 둘 다 아들을 낳았는데 미움받는 부인의 아들이 장자일 경우, 장자권리를 사랑받는 부인의 아들에게 주지 말고 그대로 인정하도록 규정한다.신21:15-17 삼손의 아내는 수수께끼의 답을 얻으려고 남편을 조르는데 삼손이 자신을 미워하고 사랑하지 않는다고 불평한다.삿14:16 암논이 이복 여동생 다말을 연애하여 상사병이 나지만, 강제로 동침한 후에는 사랑이 미움으로 변하여 그녀를 내쫓는다.삼하13:15 아버지 다윗의 왕좌를 빼앗으려 쿠데타를 일으킨 압살롬의 반역이 진압되고 아들의 사망소식을 들은 다윗은 오열한다. 다윗 왕의 아들을 향한 슬픔은 온 백성의 슬픔이 된다. 이에 군대장관 요압은 다윗에게 왕을 미워하는 자는 사랑하고 사랑하는 자는 미워한다고 말한다. 왕의 태도는 쿠데타를 진압한 지휘관들과 부하들을 멸시한 행위로 그들을 당장 위로하지 않으면 모든 백성이 다윗을 버릴 것이라고 충언한다.삼하19:6

예언자들의 메시지에서도 사랑과 미움은 대조적으로 등장하여 전달하고자 하는 핵심내용의 기준을 보여준다. 주 하나님은 정의를 사랑하며 제사장들이 불의하게 강탈하는 것을 미워하신다.사61:8 예루살렘은 그 죄로 말미암아 그를 사랑하던 모든 자와 미워하던 모든 자 앞에서 부끄

러움을 당할 것이다.^{겔16:37} 아모스는 토라를 버리고 형식적인 예배의식에 심취한 이스라엘 백성에게 악을 미워하고 선을 사랑하라는 하나님 말씀을 선포한다.^{암5:15} 호세아는 하나님께서 길갈에 있는 예배처소에서 악을 행하는 이스라엘을 미워하여 다시 사랑하지 않으실 것이라고 심판을 선언한다.^{호9:15} 미가는 이스라엘 정치지도자들이 선을 미워하고 악을 사랑하여 백성을 학대한다고 고발한다.^{미3:2} 에서는 하나님께 미움을 받고 야곱은 사랑받았다고 말라기서는 전한다.^{말1:2,3}

시인들의 고백과 현자들의 교훈에서도 사랑과 미움은 병행구조 문장을 이루며 메시지 전달의 효과를 높인다. 정의를 사랑하고 악을 미워하는 자를 하나님은 기뻐하시니^{시45:7}, 주님을 사랑하는 사람은 악을 미워하라고 교훈한다.^{시97:10} 주의 법과 명령을 사랑하는 사람은 거짓과 거짓행위를 미워한다.^{시119:113,127,128,163} 어리석은 사람은 어리석음을 사랑하고 미련한 사람은 지식을 미워한다.^{잠1:22} 자기 자신을 미워하는 사람은 죽음을 사랑하는 사람이라고 현자는 충고한다.^{잠8:36} 매를 아끼는 사람은 자식을 미워하는 사람이며 자식을 사랑하는 사람은 자식을 징계한다.^{잠13:24} 하나님은 악인의 길은 미워하시며 공의를 따르는 자는 사랑하신다.^{잠15:9}

아하브는 남녀 간의 열정적인 감정의 끌림으로 사랑하는 관계를 드러내는 대표적인 언어다. 이삭이 리브가를 아내로 맞이하는 기쁨이며^{창24:67}, 야곱의 라헬을 향한 열정이다.^{창29:18, 20,30} 레아의 남편을 기다리는 간절함이며^{창29:32}, 세겜의 디나를 향한 욕망이기도 하다.^{창34:3} 들릴라가 삼손을 손에 넣기 위한 줄다리기이며, 멸망으로 넘기는 배신이다.^{삿16:4,15} 엘가나의 한나에 대한 애잔한 마음이며^{삼상1:5}, 미갈이 다윗을 연모하는 짝사랑 가슴앓이다.^{삼상18:20} 암논의 이복동생 다말을 향한 욕정으로 사랑이 빗나가기도 하며^{삼하13:1,4,15}, 솔로몬의 정치적 욕망이 여성

편력을 부르기도 한다.왕상11:1,2 르호보암이 마아가에게 특별히 쏠리는 애정이고대하11:21, 아하수에로와 에스더의 운명적인 만남이기도 하다.에 2:7 남편을 떠나 다른 남자를 연애하는 부도덕한 갈등을 가져오기도 하지만호3:1, 사랑은 순수하고 순결하다.아1:3,4, 3:1-4 이렇게 아하브는 남녀 관계에서 일어나는 사랑의 복잡하고 미묘한 감정들을 엿볼 수 있는 의미를 나타낸다. 남녀 간의 애정관계에서 암논이 다말을 향한 일방적이고 순수하지 못한 감정이나 행위, 세겜이 디나를 강제로 폭행한 사건, 배우자를 떠나 다른 사람을 연애하는 호세아서의 부정적인 사랑의 모습을 제외하면, 아하브는 대부분 결혼관계를 긍정적으로 이끌어가는 성적인 교감을 나누는 사랑을 묘사한다. 아가서 8장 6절에서 아하브는 남녀의 가장 강렬한 사랑의 열정을 이끌어낸다.

> 너의 가슴에 나를 도장같이 품고
> 도장같이 너의 팔에 두어라
> 사랑은 죽음같이 강하고 질투는 스올[6]같이 잔인하며
> 그의 번득임이 불꽃의 타오름 같으니 가장 격렬한 불꽃 같도다.

부모와 자녀관계에서 개인적인 돌봄과 서로 간에 친밀한 감정을 품을 때도 아하브로 표현한다. 아브라함의 이삭을 향한 온전한 마음이며창 22:2, 며느리의 시어머니에 대한 존경과 섬김으로 드러나기도 한다.룻4:15 좋아하는 사람에게 특별한 애정을 가질 때도 아하브가 사용되는데 이삭은 에서를, 레아는 야곱을, 야곱은 요셉과 베냐민에 대한 사랑이 두드러지게 나타난다.창25:28, 37:3, 44:20 또한, 부모는 자식을 사랑함에 바른 훈

---

6) 구약성서에서 스올은 땅의 깊은 곳, 지하세계로서 죽은 자들이 머무는 무덤을 의미한다.(잠9:18) 일반적으로 하나님의 경이로움을 경험할 수 없는 잊혀진 땅으로 이해했기 때문에 산자들에게는 두려운 곳이다.

계를 아끼지 않는다.잠14:24 위의 실례에서 볼 수 있듯이 아하브는 부모가 자녀를 향한, 혹은 자녀가 부모를 향한 친밀함과 신뢰의 감정을 보여준다. 부모와 자녀관계에서 아하브는 윗사람이 아래 사람을 애정으로 돌보며 보호하는 은혜이며, 아래 사람이 윗사람을 존경과 순종으로 따르는 사랑이다.

친구 간의 우정이나 개인적으로 친밀한 관계를 이야기할 때도 아하브 어휘를 사용한다. 사울은 다윗을 무척 사랑하여 자기 옆에 거하도록 하고 자신의 무기를 들고 따르는 사람으로 선택한다.삼상16:21 자신의 생명처럼 다윗을 지키고 보호해준 요나단의 의리와 믿음 또한 사랑으로 표현한다.삼상18:1-3, 20:17; 삼하1:26 스승의 지혜로운 가르침은 제자의 사랑을 이끌어내며잠7:8, 외교관계에서 통치자들의 신뢰와 존경도 사랑으로 다리를 놓는다.왕상5:1 지도자와 따르는 무리 혹은 공동체, 왕과 신하의 신의와 충성도 사랑으로 관계를 형성한다. 왕 다윗은 지혜로운 행동으로 자신을 따르는 자들의 사랑을 받지만삼상18:16, 때로 자신을 사랑하는 신하들의 마음을 헤아리지 못하여 그들로 하여금 분노를 일으키게도 한다.삼하19:5-7 선지자 예후는 유다 왕 여호사밧이 악을 행하는 자들을 돕고 야훼 하나님을 미워하는 신하들을 사랑함이 옳지 않음을 지적한다.대하19:2 고대 이스라엘 사회에서는 종이 주인과 자신의 가족들을 사랑하여 면제년에 자유인이 되는 것을 원하지 않으면, 일생 그 주인을 사랑으로 섬기며 그 집에서 동거하도록 법적으로 보호받는다.출21:5-6; 신15:16-17 사람들과 사람들의 관계에서 우정이나 친밀함을 유지하기 위한 아하브는 상호 간의 신뢰와 의리가 요구된다. 구약성서에서 신의를 지키는 것은 곧 정의롭게 공의를 실천하는 것을 의미한다. 하나님 말씀을 따라 정직하게 판단하고 어느 편에 치우치지 않는 올바른 행위다.

한 사회의 구성원들은 그 공동체의 시민으로서 마땅히 서로 존중하며 개인의 책임과 의무를 수행해야 한다. 이 관계를 형성하는 것이 사랑이다. 거룩하신 하나님의 거룩한 백성이 거룩한 삶을 실천하는 기본자세가 사랑이다: "너는 너 자신과 같이 네 이웃을 사랑해야 한다."레19:18 하지만, 사람이 고난과 좌절을 경험할 때 얼마나 이 사랑에서 소외되는지 우리 믿음의 선배들은 고백한다. 욥은 고통의 시간에 사랑하는 자들이 오히려 원수처럼 변하고 가까운 친구들이 자신을 미워한다고 슬픔을 토로한다.욥19:19 다윗도 삶의 고난의 계절에 사랑하는 사람과 친척들, 친구들이 자신의 고통을 외면하고 있음을 처절하게 고백한다.시38:11, 109:4-5 고라자손의 슬픈 탄식의 고백에서도 저자는 고난 중에 야훼께서 사랑하는 사람과 친구들이 자신을 버려두도록, 가까운 사람들을 흑암 속에 감추셨다고 아픔을 토로한다.시88:18 고난의 터널을 지나야 하는 인생의 위기가 있을 때 진심으로 나를 찾아줄 사랑이 있는가?

현자들은 인생이 어떻게 한평생 지혜롭게 공의롭게 정의롭게 정직하게 살면서 이 사랑을 지킬 수 있는지 교훈한다. 그 시작은 곧 "주를 경외하는 것이 지식의 근본이다"에서 출발한다.잠 1:7 하나님을 경외하는 인생은 삶의 위기에서 사랑으로 사는 지혜를 만난다. 잠언서 저자는 지혜를 의인화하여 인생을 행복하게 잘사는 길로 안내하는 현명한 여인으로 묘사한다.잠1:20 이하; 8:1 이하 사랑으로 안내하는 지혜의 가르침을 따라가 보면, "미움은 다툼을 일으키지만 사랑은 모든 허물을 덮어준다."10:12 "훈계를 사랑하는 사람은 지식을 사랑하는 사람이며 징계를 싫어하는 사람은 짐승과 같다."12:1 "허물을 용서하는 사람은 사랑을 찾는 자이며, [친구의 허물을] 계속해서 말하는 사람은 친구를 모르는 사람처럼 만드는 자다."17:9 "친구는 항상 옆에 있어 사랑하는 사람이며 형제는 위기를 위해 태어난 사람이다."17:17 "해를 입히는 친구들이 있지만, 형제보다 더 가까운 사랑하는 친구가 있다."18:24 "채소로 차린 저녁상에 사랑이 있으면 미움으로 차린 살진 소보다 좋다."15:17 현자는 또한 빗나간 사랑에 대하여 경고한다. 숨어서 하는 사랑이 아무리 은밀하고 좋아도 진심으로 바른길을 안내하는 조언보다 나을 수 없음을 훈계한다: "드러내놓고 충고해 주는 것은 숨겨둔 사랑보다 좋다."27:5 인생이 어떻게 사랑을 품고 살아갈 때 행복할 수 있는지, 지극히 평범한 진리에 대한 가르침이다.

하지만, 인생은 사랑만을 추구하며 살지 못하는 역설이 있다. 사랑할 때가 있으면 미워할 때도 있는 법이라고 전도서 저자는 삶의 양면을 지적한다. 인생의 주권이 하나님께 있으니 사랑을 받을는지 미움을 받을는지 인간이 미래를 예측할 수 없다고 말한다. 또한, 죽은 자들에게는 사랑과 미움도 부질없는 것이다. 죽음과 함께 사랑과 미움도 이 땅에서 사라지기 때문이다. 창조세계의 질서 안에서 일어나는 모든 현상은 주어진 시간 안에서 드러나고, 모든 창조물은 때를 따라 아름답게 지음 받았으니 순리를 따라 즐겁게 사는 것이 인생이라고 조언한다. 따라서 하나님이 주신 삶의 분깃 안에서 선택한 배우자를 사랑하며 즐겁게 사는 것이 행복한 인생이라고 훈계한다.전3:8, 9:1,6,9 오직 하나, 사람이 헤아릴 수 있는 것은 인생 가운데 선악을 분별하여 판단하시는 분이 계시다는 사실이다: "하나님을 경외하고 그의 명령들을 지켜라, 이것이 인생의 모든 것이기 때문이다."전12:13

사람과 사람관계에서뿐 아니라 아하브는 어떤 물건을 선호한다거나 특별히 좋아하는 생활양식을 따르거나 추상적인 가치 등을 추구하는 태도를 묘사하기도 한다. 대부분 삶의 부정적인 면에서 사람들이 욕망과 탐욕을 따라 즐기는 행동양식을 지적한다. 예를 들면, 유다 왕 웃시야는 농사를 좋아하는 사람으로 농업과 축산을 장려했다.대하26:10 다윗은 에돔 사람 도엑이 자신이 머물고 있는 곳을 사울에게 고발한 것을 알고, "선보다 악을 사랑하며 의를 말하는 것보다 거짓을 사랑하는 포악한 자"

라고 비판한다.^{시52:3} 예언자 이사야는 정의로운 삶을 추구해야 하는 정치지도자들이 도둑들과 연합하여 뇌물을 사랑하고 예물을 추구한다고 신랄하게 비판한다.^{사1:23} 호세아 예언은 이스라엘이 하나님 말씀을 떠나 우상을 사랑하며, 성적타락을 즐기며, 거짓으로 속이는 것을 좋아한다고 고발한다.^{호3:1, 4:18, 9:1, 10:1, 12:7} 지혜자의 충고를 보면, 잠자기를 좋아하는 게으른 습관은 꾸짖음의 대상이며^{잠20:13}, 포도주와 기름을 좋아하는 사람은 부자가 되지 못하고^{잠21:17}, 다툼을 좋아하는 사람은 죄를 좋아하는 사람이라고 경고한다.^{잠17:19} 돈을 사랑하는 사람은 돈으로 만족하지 못하고 풍요를 사랑하는 사람은 소득으로 만족하지 못하니 이 또한 헛된 것이다.^{전5:10}

반면, 긍정적으로 사랑을 실천하는 삶의 태도를 선택할 때도 아하브가 등장한다. 하나님의 명령과 법을 사랑하고^{시119:47,97}, 정의를 사랑하며^{시45:7}, 훈계와 지식을 따르고^{잠12:1}, 선을 추구하며^{암5:15}, 변함없이 지속적인 사랑을 실천하며^{미6:8}, 진리와 평화를 사랑하는^{슥8:19} 삶으로 드러난다. 어떤 행동양식을 추구하고 선택할 것인지를 드러내는 태도는 정의롭거나 악하거나, 지혜롭거나 우매하거나, 부지런하거나 게으르거나, 대조적으로 구분하여 사랑과 미움으로 표현된다. 이런 관점에서 아하브는 인간 삶의 윤리적 책임감을 기반으로 드러나는 행위로서 그것이 선이든 악이든 특정한 행동양식을 추구하는 관계를 이끌어낸다.

다양한 구약성서 본문들은 하나님 백성은 하나님을 사랑해야 하며, 더불어 두 본문레^{19:18; 신10:9}은 이웃과 나그네를 사랑해야 하는 것을 강조한다. 특별히 신명기서는 사랑의 헌법이라고 부를 만큼 오직 주 하나님을 사랑하고 그의 토라를[7] 따르라고 강조한다. 하나님을 사랑하고 계명

---

7) 우리말 성경에 "율법"으로 번역된 히브리어 토라(Torah)의 의미는 단순히 '율법'이란 개념이 가지는 법률조항이나 계명들로 한정할 수 있는 언어적 표현과 해석이 아니다. 구약성서에서 토라는 "가르침, 교육, 교훈, 훈계, 법, 전통" 등을 포괄적으로 수용하는 '하나님 말씀'

을 지키는 자들에게는 변함없이 지속적인 하나님 사랑으로 보호받는다. 신5:10, 7:9 하나님을 사랑하는 사람은 자신의 전부를 통해서 사랑하라고 권면한다. 신6:5 하나님을 사랑하는 것은 하나님이 주신 말씀의 규례와 법도와 명령을 책임 있게 지키고 수행하는 것이다. 신11:1,13,22 하나님을 사랑하는 사람들은 종교적인 행위나 관습에 휘둘리지 않는다. 신13:3 고대 이스라엘 사회에서 거짓 예언자나 꿈꾸는 자들이 이적과 기사를 행하며 백성을 미혹하는 행위를 지적한 것으로, 오늘날도 잘못된 성경해석으로 말씀을 오염시키고 신비적인 체험 등으로 하나님 사람들을 미혹하는 많은 무리가 있다. 하나님을 사랑하는 사람들은 타인의 인권을 존중하는 사람들이다. 신19:9 따라서 언약공동체 안에 도피성을 설정하여 전혀 의도한바 없는 실수로 말미암은 살인에 대해서는 면죄 받을 수 있는 법적 장치를 두었다. 하나님 백성으로서 한 사람의 총체적 삶은 하나님을 사랑함에서 비롯되며 이것이 생명이다. 신30:6,16,20 하나님을 사랑하는 것은 하나님 백성의 책임이며, 이 사랑이 언약 공동체를 하나님의 부르심에 응답하고 순종하도록 이끈다.

신명기 10장 12,13절은 하나님이 그의 백성에게 요구하시는 삶의 태도다.

> 자 이제, 이스라엘아
>
> 주 네 하나님께서 네게 요구하시는 것이 무엇이냐?
>
> 주 네 하나님을 경외하며, 주님의 모든 길에서 걸으며,
>
> 주님을 사랑하며, 주 네 하나님을 너의 온 마음과 영혼으로 섬기고,
>
> 내가 오늘, 네 행복을 위해 너에게 명령한

을 의미하는 개념이다. 하나님이 스스로를 인간에게 보이시고 수여하신 인간 삶의 원리(십계명)에서부터 구체적인 제의(예배) 규정들, 언약공동체가 준수해야할 명령과 규례와 율례, 증거들, 하나님 백성과의 대화, 조상이 경험한 하나님에 관한 전통 등, 그 어휘가 사용된 역사적 배경과 정황에 따라 다양한 의미를 내포한다. 따라서 본서에서는 단순히 하나의 개념을 상징하는 어휘로 해석 하지 않고, 히브리어를 우리말로 음역하여 '토라' 로 표기한다.

주님의 명령들과 주님의 규례들을 지키는 것이다.

　하나님을 향한 하나님 백성의 사랑은 하나님의 거룩하심을 존경하고 경외하는 태도이며, 순전하게 하나님을 예배하는 것이고, 하나님 말씀에 순종하여 그의 길을 따르는 것이다. 신명기 본문들은 하나님이 먼저 그의 백성을 사랑하신 그 사랑에 사람들이 신실함과 순종으로 응답하도록 고무시킨다. 신명기에서 아하브는 특별히 야훼 하나님과 언약의무를 감당해야 하는 하나님 백성이 하나님 명령에 신실하게 응답하는 것을 의미한다. 이스라엘 역사 가운데 하나님의 사랑으로 그들을 하나님 백성으로 선택하시고, 구속하시고, 섭리 안에서 돌보시는 은혜에 대한 인간의 경건한 삶의 헌신이다. 따라서 이 사랑은 철저하게 그의 백성을 향한 하나님의 우선적인 사랑에 기초한다. 하나님은 그의 백성이 하나님을 사랑하므로 하나님 명령을 지키기 원하신다.출20:6; 신5:10, 7:9, 11:1; 왕상3:3; 단9:4; 느1:5 하나님을 사랑하므로 하나님이 주신 삶의 방법으로 살기 원하신다.신10:12, 11:22, 19:9, 30:16; 수22:5, 23:1 하나님을 사랑하므로 하나님을 경외하며 예배하기 원하신다.신10:12, 11:13; 사56:6

　하나님의 언약공동체인 하나님 백성은 예배와 말씀을 실천하는 윤리적 행동양식으로 이 사랑을 표현한다. 고대 이스라엘 백성은 하나님 임재의 상징으로 선택한 거룩한 장소, 예루살렘을 사랑하므로 자신들이 하나님 백성으로서 자존감을 높였다. 종국적인 인류의 미래에 도래할 새 하늘과 새 땅을 소망하며 예언자 이사야는 예루살렘을 사랑하는 사람들이 모두 그 성읍과 함께 기뻐하고 즐거워하자고 초대한다.사66:10 시편 기자에게 예루살렘은 하나님이 계신 집이며 하나님 영광이 머무르는 장소다.시26:8 순례축제를유월절[무교절], 맥추절[칠칠절], 수장절[초막절], 참조, 출23:14-19; 신16:1-17 지키며 중앙 성소가 위치한 시온 산 예루살렘을 향하며 불렀

을 그들의 노래들을 상상해보라!시120-134

반면, 기원전 587년 바빌로니아에 의해 멸망한 예루살렘을 향한 시인의 애가는 처절하다: "어찌하여 이 도성이 외롭게 앉았는가… 밤에는 슬피 우니 눈물이 뺨에 흐르나 사랑하던 모든 자 중에 위로할 자 없고, 모든 친구가 배반하여 원수들이 되었도다."애1:1,2 포로생활 중에도 예루살렘은 결코 잊을 수 없는 곳이다. 시인은 만일 예루살렘을 잊는다면, 예루살렘을 기억하는 것보다 그 어떤 것을 더 즐거워한다면, 자신이 벙어리가 될 것이라고 고백한다.시137

또한, 하나님백성은 하나님 이름을 사랑하므로 하나님을 경배한다. 고난 가운데 시인은 하나님께 피하는 사람들이 보호받는 기쁨을 외치며, 주의 이름을 사랑하는 사람들은 주님을 즐거워한다고 고백한다.시5:11 하나님의 이름을 사랑하는 사람과 그의 후손은 하나님이 거하시는 시온, 예루살렘을 상속받아 살게 될 것이라고 희망한다.시69:36 경건한 사람의 기도는 주의 이름을 사랑한 사람들에게 공의로 베푸시던 하나님의 은혜가 임하기를 간절히 바라는 것이다.시119:132 인류의 종국적인 희망은 이방인이라도 주 하나님을 섬기며, 주의 이름을 사랑하며, 주의 종이 되며, 안식일을 지켜 더럽히지 않으면 하나님의 백성으로 삶을 누리게 될 것이다.사56:6 예배를 통한 하나님을 향한 사랑은 하나님과 예배드리는 사람, 혹은 예배드리는 공동체와의 경건한 연합을 의미한다.

윤리적 행동양식에서 하나님 백성의 하나님을 향한 사랑은 무엇보다도 하나님을 경외하는 태도다. 하나님의 거룩하신 위엄에 대한 존경과 예의다.신10:12, 13:3-4 하나님의 하나님 되심을 인정하는 것이다. 시인은 하나님의 거룩한 임재를 선포한다.

너희는 잠잠 하라

내가 하나님 됨을 알라

내가 민족들 가운데서 높임을 받으리라

내가 온 땅에서 높임을 받으리라. 시46:10

하나님을 사랑하는 것은 또한 야훼가 유일하신 참 하나님 되심을 알고 신뢰하는 것이며출20:2-6, 22:20, 23:32-33, 34:11-17; 신4:19-24, 그의 길 안에서 걷는 것이다. 마음과 뜻과 힘을 다해 하나님을 사랑하라는 의미는 전적으로 하나님에 대한 신뢰와 진실한 관계를 유지하는 감사의 태도로 실천하는 사랑이다. 모세는 백성에게 사십 년 광야생활을 교훈 삼아 절대 자만하거나 교만하지 말고 아름다운 땅에서 감사의 삶을 살라고 당부한다. 신8:1-10 가나안 땅에서 모든 사역을 완수한 후, 여호수아는 요르단 강 동편에서 삶의 터전을 분배받은 세 지파 사람들을르우벤, 갓, 므낫세 반 지파 돌려보내며 하나님을 사랑하고 그의 말씀을 지켜 사는 안식을 누리라고 당부하고 축복한다. 수22:1-6 이 사랑의 실천이 하나님을 아는 지식의 근본을 이루며, 하나님 말씀에 순종하는 삶으로 이끄는 길이다. 오경의 두 본문에서 아하브는 이웃사랑레19:18과 나그네 사랑레19:34; 신10:18-19을 강조한다. 하나님 백성은 그들 땅에서 함께 거주하는 거류민들을 학대해서는 안 되며, 축제절기를 지킬 때도 그들을 초청하여 함께 나누고 즐거워하도록 규정하고 있다. 고대 이스라엘 언약공동체에서 약자나 가난한 사람들을 정의롭게 대우하고 긍휼히 여기는 마음으로 보호하는 것은 사회 구성원으로서의 의무다.

구약성서에서 아하브가 인간을 향한 하나님 사랑을 나타낼 때는, 특별히 하나님의 성품을 묘사할 때 사용한다. 하나님이 이스라엘을 선택하시고 그들을 이집트 종살이에서 해방하셔서 자유롭게 하신 구원과 구속의 과정을 통해 베푸신 하나님 은혜를 드러내는 성품이다. 인간을 향한 하나님 사랑은 하나님과 하나님 백성과의 언약관계를 설명하는 가장 핵심적인 주제다. 언약은 하나님의 주권적인 사랑을 바탕으로 하나님과 그의 백성을 연합하게 하는 도구다. 주 하나님의 사랑은 특별히 구별한 사람들을 선택하는 사랑이다. 이집트에서 해방된 사람들은 시내 산에서 하나님의 선택된 귀중한 보물로서 가치를 부여받는다.출19:5 하나님 백성이 다른 민족의 가증한 풍습을 따르지 말아야 하는 것은, 모든 민족 중에서 선택되어 하나님의 거룩한 백성이 되었기 때문이다.신14:2, 26:18 시인은 이스라엘이 하나님의 '특별한 소유'임을 노래한다.시135:4 그들의 역사 속에서 이스라엘이 하나님을 거역할 때마다 예언자들은 이 관계를 상기시킨다.암3:2; 호13:4; 말3:17 하나님은 강하고 우수하며 수효가 많은 민족을 선택하신 것이 아니라, 가장 적은 자를 기뻐하시고 사랑하셔서 선택하신다. 선택한 백성을 향한 하나님 사랑은 그들에게 베푸시는 하나님 은혜로 드러난다.신7:8,13, 23:5, 30:16,20

하나님은 또한 선택받은 사람들이 구별된 거룩한 장소에서 하나님을 만날 수 있도록 예배장소를 선택하신다. 시편기자는 하나님이 시온을 사랑하셔서 그의 성소를 그곳에 두셨다고 찬양하며시78:68, 거룩한 곳으로 향하는 모든 사람이 들고나는 시온의 문들을 하나님이 사랑하시고 친히 세우셨다고 노래한다.시87:2 이 선택과 사랑은 조상에게서 비롯되지만, 하나님 사랑은 언약을 통해 그들 후손에게 언제나 현재형으로 똑같이 유효하다. 약속의 땅에 들어가기에 앞서, 모세는 하나님이 조상을 사랑하시고 선택하셔서 그들과 맺은 언약은 이제 과거가 아니라, 바로 '오늘, 여기' 현존하는 사람들임을 거듭 강조한다.신4:37-38, 7:9,12-13, 10:15

인간을 향한 하나님 사랑은 사람들의 선한 행동양식의 가치에 기준해서예를 들면, 매일 새벽 예배당에 가서 신실하게 기도하거나, 십일조나 구제헌금을 잘하거나, 교회공동체나 지역사회 단체에서 봉사를 잘하거나, 도움이 필요한 사람들을 돌보거나, 선교활동에 적극적이거나 등 그들을 사랑하시는 것이 아니라, 하나님이 한 사람 한 사람을 기뻐하시므로 소중히 여기시는 개인적인 사랑 그 자체다. 하나님의 그 사랑을 알 때 인간의 선한 윤리적 행동이나 신앙의 태도는 자연스럽게 드러나는 결과다. 인간을 향한 하나님 사랑은 하나님과 한 사람나 자신과의 지속적인 관계를 유지하는 능력이며 신의를 지키는 힘이다.

하나님 백성의 반역과 죄의 상황에서 하나님 사랑은 심판과 용서, 화해와 회복으로 드러난다. 정의의 행동양식이 죄에 대한 하나님의 심판을 이끌어냄에도 불구하고, 하나님은 심판으로 단죄하시는 것이 아니라 그 속에서 용서와 화해를 이끌어내신다. 하나님이 선택한 백성에 대하여, 모든 민족 중에 하나님과 유일한 관계에 있는 백성이 죄를 범하면 그들을 심판하실 것이다.^{암3:2} 그러나 그들이 하나님이 주신 땅에서 다시 멸망하지 않도록, 포도나무를 심고 포도원을 가꾸듯 돌보실 것이다.^{암9:14-15} 하나님을 떠난 백성을 향한 하나님의 진노는 맹렬하지만, 긍휼히 여기는 마음이 오히려 불 같이 일어나 분노를 잠재우고 용서와 회복의 문을 열게 한다. 하나님의 하나님 되심을 드러내는 사랑 때문이다: "내가 나의 불같은 화를 보이지 않을 것이며 다시 에브라임을 멸하지 않을 것은, 나는 하나님이요 사람이 아니기 때문이다, 네 한가운데 거하는 거룩한 자다."^{호11:9} 하나님은 정의를 사랑하는 분이시기에 종교지도자들의 불의와 제단에 바쳐지는 제물을 강탈하는 것을 미워하여 정직하게 그들의 잘못을 보응하실 것이다. 하지만, 모든 것을 용서하신 후에 그들과 영원한 언약을 맺으시겠다고 약속하신다.^{사61:8} 삶의 고난의 시절을 지날 때 인생이 환난에서 구원받는 일은 하나님의 사랑과 긍휼히 여기심이 있기 때문이다.^{사63:4}

심판이 정죄와 단절이 아니라 새로운 문을 여는 회복이 될 수 있는 것은, 하나님 사랑의 본질이 하나님의 변함없이 지속적인 사랑 헤세드를 품고 있는 하나님 주권에서 기인하기 때문이다.사54:8; 렘31:35-36; 호2:19 하나님 사랑은 언제나 변함없이 우리에게 하나님께 나갈 수 있는 문을 열어놓는다. 이 사랑을 알고 응답하는 것은 인간의 책임이다. "하나님을 사랑하고 이웃을 사랑하라"는 하나님의 선언은 언약공동체 안에서 한날 한날을 살아가는 삶의 원동력이다. 구약성서를 통해 우리는 끊임없이 하나님을 거역하고 언약을 파기하는 고대 이스라엘 사람들을 만난다. 고대 문명의 배경에서 문화가 다르고 생활양식이 다른 부분들이 있지만, 그들의 모습은 곧 오늘을 살고 있는 우리의 현실이다. 고도로 발달한 과학문명과 지식 속에서 우리는 하나님을 거역하며 살고 있다. 고대시대나 현대나 하나님을 향한 인간의 사랑은 실패를 거듭하고 있지만, 인간을 향한 하나님 사랑은 한결같은 사랑이다. 하나님 사랑은 하나님 성품 자체로서 은혜와 긍휼을 품고 있기 때문이다. 이 사랑은 하나님이 하나님 되심을 보이시는 본질이기 때문이다. 이 사랑은 예레미야의 예언에서 절정을 이루며, 이사야의 예언에서 결코 잊혀 지지 않는 사랑으로 확인된다.

> 내가 너를 영원한 사랑으로 사랑한다.
> 그래서 변함없이 지속적인 사랑으로 너를 이끌었다.렘31:3

> 여인이 젖을 먹이는 아이를 잊을 수 있겠느냐?
> 자신의 자궁으로 품은 아이를 긍휼히 여기지 않겠느냐?
> 그들은 행여 잊을지라도,
> 그러나 나는 너를 잊지 않을 것이다.사49:15

정리하면, 아하브는 구약성서에서 가장 폭넓게 사랑을 의미하는 어휘다. 남녀 간의 긍정적인 성적교감을 표현하고^{창24:67의 이삭과 리브가; 삿}16:4,15의 삼손과 들릴라; 삼상1:5의 엘가나와 한나; 삼상18:20의 다윗과 미갈; 아1:3,4: 3:1-4의 사랑하는 연인들, 부모와 자녀 간의 돌봄과 존경, 친밀감을 나타내며^{창22:2의 아브라함과 이삭; 창25:28의 이삭과 에서, 리브가와 야곱; 창37:4의 야곱과 요}셉; 룻4:15의 나오미와 룻, 상호 책임감을 수행하는 친구관계 안에서 우정을 보여주고^{삼상18:1-3; 삼하1:26의 요나단과 다윗,} 스승의 올바른 가르침에 대하 여 지혜로운 제자는 사랑으로 존경을 표한다.^{잠9:8} 아하브는 또한 고대 이스라엘 사회에서 군신관계의 신의와 충절을 의미하며^{삼하19:5-7의 다윗}^{과 그의 신하들,} 주종관계에서 주인이 베푼 은혜에 좋은 순종하는 행동으로 드러난다.^{출9:8; 신15:16의 주인과 노비} 아하브는 외교관계에서 양국 지도자 들의 신뢰와 친분관계를 의미하기도 한다.^{왕상5:15의 유다 왕 다윗과 두로 왕}히람

공동체 안에서 사람과 사람이 어우러지는 다양한 모습에서 드러나는 감정에는 언제나 아하브가 있다. 욥은 가까운 친구들이 자신을 미워하며 그가 사랑하는 사람들이 돌아서서 자신을 향해 원수가 되었다고 고통스 러워한다.^{욥19:19} 다윗도 자신이 사랑하는 사람들과 친구들이 자신의 고 난을 멀리하고 친척들도 멀리 서서 방관하고 있다고 아픔을 토로한다. ^{시38:13} 시편 기자는 현재 경험하는 고통을 하나님이 허용하셔서, 사랑하 는 사람들과 친구들이 자신을 떠나고, 아는 사람들을 흑암 가운데 두셔 서 자신과 교제할 수 없게 하셨다고 울부짖는다.^{시88:19} 더불어 인생을 살 아감에서 미움은 다툼을 일으키지만, 사랑은 모든 허물을 덮는다고 현 자는 충고한다.^{잠10:12} 사람과 사람 사이에서 일어나는 감정 표현뿐 아니 라, 아하브는 사물을 좋아하거나 특정 행동양식을 추구하고 추상적 가 치를 따르는 것도 포함한다.^{참조, 시52:3의 선과 악, 의와 거짓; 잠21:17의 파티, 술}^{과 기름; 사1:23의 뇌물, 보석; 암5:15의 선과 악; 미6:8의 헤세드; 슥8:19의 진리와 평화}

하나님을 향한 인간의 사랑에서 아하브는 하나님의 요구 사항이다.신 5:10, 6:5, 7:9, 10:12, 19:9, 30:6 하나님은 우리를 사랑하신 것처럼 우리도 하나님을 사랑하기 원하신다. 하나님을 사랑한다는 것은 하나님이 그의 백성에게 주신 삶의 원리를 따르며 명령을 지키는 것이다.출20:6; 신5:10, 7:9; 왕상3:3 이를 실천하는 행동양식은 하나님을 예배하며 순종하는 것이다.신 10:12; 시56:6 이 사랑은 하나님이 구별하여 선택하시고, 종살이에서 해방해 구속하시고, 섭리 안에서 돌보시는 하나님을 향한 하나님 사람들의 응답이다. 하나님에 대한 인간의 사랑은 추상적인 언어의 고백이 아니라, 하나님 앞에서 거룩한 백성으로서의 삶이다.

인간을 향한 하나님 사랑의 관점에서, 아하브는 하나님 자신을 친히 사람에게 보이시는 속성이다. 하나님 사랑은 하나님과 그의 백성과의 관계를 설명하는 가장 핵심적인 표현이다. 이 사랑은 언약으로 하나님과 하나님 백성을 연합하는 길을 열고, 언약관계를 지속할 수 있는 능력을 제공하는 근원이다. 하나님 사랑은 하나님의 거룩하심에서 드러나는 주권이며 다스리심이고, 조건 없는 하나님 은혜다. 하나님 백성은 선물로 주어진 이 사랑에 사랑으로 응답할 책임이 있다.

사랑을 품는 다른 어휘들

아하브외에 사랑의 감정이나 태도를 포함하는 다양한 어휘들 가운데 구체적인 '사랑'의 개념으로 해석할 수 있는 몇 가지 어휘들을 간략하게 소개한다.

도드dod

도드는 주로 노래나 시에서 "사랑하는" 에로틱한 감정을 드러내는 어휘로 등장한다. 주로 아가서에서 정열적인 남녀의 사랑을 나누는 감정을 표현한다. 주로 대명사 접미사를 동반하여 "내 사랑하는 자" 혹은 "네 사랑하는 자"로 구체화하여 절절한 사랑 나눔을 드러낸다.^{아1:13,14,16, 2:3,9,10, 5:2,5,6,8,10,16; 6:1, 7:11,12, 8:14}

복수명사 도딤^{dodim}, "사랑", "애정"은 특히 육체적으로 성적교감을 나누는 관계를 묘사할 때 사용하는 어휘다.^{잠7:18; 아2:4, 4:10; 겔16:8, 23:17}

도드는 또한 히브리어의 동음이의어이다. 같은 음역을 가진 어휘지만 의미가 전혀 다른 친가의 "삼촌"^{아버지 형제}을 의미한다.^{레10:4, 25:48,49; 에 2:15; 렘32:7} 고대 이스라엘 사회의 확대가족에서 삼촌은 가장 가까운 친척으로 한집안의 가장이나 형제가 그 역할을 감당할 수 없을 때, 최우선으로 가문을 책임져야 한다.

마흐마드^{mahmad}

매우 좋아하거나 사랑하는 사람, 혹은 소중하게 여기는 물건을 의미한다. 다니엘은 "매우 사랑받는" 사람이었다.^{단9:23, 10:11,19} 바빌론에 의해 멸망한 예루살렘은 그 고통의 날에 옛날의 모든 "귀중한 것들"을 기억하고^{애1:7,11}, 이스라엘 심판에 있어 호세아는 그들 자궁에 있는 "매우 사랑스러운 것들"이 죽임을 당할 것이라고 예언한다.^{호9:16}

동사 하마드^{hamad}는 "매우 기뻐하다, 즐거워하다" "욕망을 가지다"라는 의미로 어떤 대상이나 물건을 좋아해서 소유하고자 하는 마음이다. 주로 이기적인 욕구충족을 뜻하는 부정적인 면에서 집착적인 사랑을 표현한다. 하나님이 삶의 원리로 주신 열 가지 말씀 중 열 번째로 하나님 백성에게는 금지된 행동양식이다: "너는 네 이웃의 집을 탐내지 않아야 한다. 너는 네 이웃의 집의 소유물에 대한 욕망을 가지지 말아야 한다"^{출20:17; 신5:21} 자신의 소유가 아닌 것을 사랑하므로 탐심을 일으키게 되고, 그것을 소유하고자 하는 욕구 때문에 친구의 가족과 재산에 관심 갖지 말라는 것이다.

아가브agab

육체적 욕구에 감각적으로 반응하는 연애감정을 드러내는 어휘로, 때로 무절제한 육체의 관능적 욕구를 표현하기도 한다. 에스겔 23장에서는 북 왕국 수도 사마리아와 남 왕국 수도 예루살렘이 자매로 의인화되어 등장한다. 두 왕국이 야훼 하나님을 떠나 이웃나라들인 이집트, 앗시리아, 바빌로니아의 권력과 무력에 의존하는 행위를 연애 은유를 도입하여 지적한다. 예언자는 두 자매가 정절을 버리고 관능적 욕망을 추구하는 연애를 하고 있다고 비판한다. 이러한 사랑의 감정을 에스겔은 아가브로 묘사한다.겔23:5,9,12,16,20 예레미야의 예언적 탄식에서도 시온의 예루살렘은 아가브의 욕망으로 남자를 기다리는 여인으로 등장한다. 예루살렘이 연애하는 자를 기다리며 화려하게 치장했으나, 그들에게 버림받고 도리어 생명의 위협을 받을 것이라고 경고한다.렘4:30

예디드yedid

일반적으로 시적 표현에서 사용되는 형용사로 "사랑하는" 의미로 해석한다. 모세의 노래에서 베냐민은 주의 "사랑을 입은 자"로 칭송 받는다.신33:12 시편 저자는 주님께 "사랑하는 자"를 구원해달라고 간구하며시60:5, 108:6, 주님은 그 "사랑하는 자"에게 편안한 잠을 주신다고 고백한다.시127:2 시편 45편은 삶의 정황에 따라 시편을 분류할 때 왕족들을 위한 노래로 구분하는데, 제목이 "사랑노래"shir yedidot, 쉬르 예디도트다. 왕자가 결혼할 때 부르는 축가였을 것으로 추정된다.

이사야 5장 포도원의 노래는 주 하나님의 사랑하는 이스라엘을 향한 은유적 표현의 절정을 이루는 사랑노래다.

> 나로 내 사랑하는 사람을 위해 노래하게 하시오
> 그의 포도원을 위한 사랑노래를
> 내 사랑하는 사람에게 포도원이 있음이여
> 매우 기름진 언덕에 있도다[1].

라함raham

어떤 대상을 향하여 긍휼히 여기는 마음을 가지고 보호하며, 감싸 안아주고 베푸는 사랑으로 "긍휼히 여기다", "사랑하다", "애정이 넘치다", "받아주고 보호하다"는 의미가 있다. 명사 레헴rehem은 여인의 "자궁"을 의미한다. 어머니의 자궁은 한 생명을 사랑으로 보호하고 긍휼히 여기며 양육하는 기관이다.

복수명사 라하밈rahamim은 일반적으로 "긍휼히 여김", "자비", "은혜", "사랑"으로 번역하는데, 특별히 인생들에게 값없이 베푸는 하나님의 은혜, 선물을 의미한다. 라하밈은 헤세드와 함께 하나님 성품과 주권을 묘사하는 어휘이기도 하다.출34:6 시편 저자들은 한 문장에서 두 어휘를 병행구조로 등장시키며 "하나님의 긍휼"과 "변함없이 지속적인 사랑"이 고단한 인생들을 살게 하는 은혜임을 고백한다.시40:11, 51:1, 69:16, 106:45-46 하나님 사랑과 긍휼하심은 바빌로니아에 의해 훼파된 예루살렘을 바라보며 절규하는 사람들의 삶을 지탱시키는 유일한 희망이기도 하다.애3:22-23

레아rea

일반적으로 "친구", "동료", "이웃"을 의미하는 레아는 서로 신뢰하므로 연합하고 교제하는 것을 의미한다. 이웃 사랑은 하나님 백성이 가장 중요하게 실천해야 할 삶의 덕목 중 하나다. 고대 이스라엘은 한 하나님의 백성이다. 언약공동체 안에서 이웃은 가족개념이다. 나 자신의 삶이 소중하고 가치 있듯이 나와 이웃한 한 사람 한 사람의 삶도 동일함을 인정해야 한다. 레위기 19장 17,18절은 하나님 백성이 제의예배 공동체 안에서 인간의 존엄성을 지키는 태도를 훈계하며, "너는 네 이웃을 너 자신처럼 사랑해야 한다"고 마무리한다. 또한, 이웃친구의 모든 소유에 대하여 탐심을 갖는 것을 금지한다.출20:17; 신5:21 하나님은 각자에게 삶의 분깃을 주시기 때문이다. 언약공동체 안에서 나와 이웃은 사랑으로 서로 권면하는 친구이며, 서로 돌보는 관계다.

남녀의 사랑노래에서 레아는 절절이 "사랑하는 사람"이며 "사랑하는 모습"이다. 비둘기 같은 눈을 가진 사랑하는 자는 더없이 예쁘며아1:15, 뭇 여인들 가운데 사랑하는 자는 마치 가시나무 가운데 활짝 웃고 있는 백합꽃과 같다.아2:2 잠을 잘지라도 마음으로는 사랑하는 자의 소리를 들을 수 있으며아5:2, 그 사랑은 아름답고 수려하며 당당하다.아6:4

하바브habab

하바브는 부드럽게 감싸주며 끌어안는 사랑표현으로 어근은 "가슴에 폭 안아서 숨긴다"는 의미가 있다. 또한, 불을 지피듯 열정적으로 사랑하므로 보호하는 의미를 포함한다. 모세는 사역을 마무리하며 하나님이 하바브의 사랑으로 그 백성을 보호하시고 인도하셨음을 고백한다: "실로 야훼께서 백성을 사랑하시니 야훼께 속한 모든 거룩한 사람들이 야훼의 손안에 있도다."신33:3

하샤크hashaq

하샤크는 "친밀하다", "연합하다", "사랑하다", "기뻐하다"의 뜻으로 어떤 대상을 향한 흠모하는 마음을 드러낸다. 세겜이 디나를 처음에는 강제로 폭행했지만 계속해서 그녀를 흠모하는 감정이다.^{창34:8} 전쟁에 참여한 사람이 포로로 데려온 여인을 흠모하면 아내로 삼게 하는 신명기 법에서 그 쓰임새를 찾을 수 있다. 시편저자가 자신이 하나님을 사랑하는 것을 하나님이 아시므로 자신을 고통 속에서 건지실 것을 신뢰하며 고백하는 감정이다.^{시91:14} 히스기야 왕은 하나님이 자신의 영혼^{생명}을 사랑하셔서 멸망의 구덩이에서 건지셨다고 고백한다.^{사38:17} 신명기 저자는 하나님이 이스라엘을 기뻐하시고 사랑하셔서 하나님 백성으로 선택하셨음을 명심하도록 부탁한다: "오직 야훼께서 너희 조상을 기뻐하시고 그들을 사랑하셔서 그들 후손인 너희들을 모든 백성 중에서 택하셨음이 오늘과 같다."^{신10:15}

다른 경우, 하샤크는 사랑하므로 연합하는 의미가 아니라, 단순히 "연결하여 밀착시키는" 기능적 어휘로 건축 상황을 설명할 때 사용하기도 한다. 예를 들면, 성막을 지을 때 기둥의 갈고리와 가름대는 은을 사용하라고 설명하는데, 기둥과 기둥을 연결하는 "갈고리"를 의미한다.^{참조, 출27:10,17, 38:10-12,17,19,28; 왕상9:19=대하8:6}

2장
구약성서의 사랑 언어
– 헤세드^{hesed}

구약성서에서 헤세드는 상호관계 안에서 서로 존중하고 신뢰하며 책임 있는 행동을 보여주므로 지속적인 신실한 관계를 유지하는 삶의 자세를 의미한다. 특별히 개인관계나 공동체 안에서 언약을 바탕으로 서로에게 책임과 의무를 주는 사랑의 약속이기도 하다. 따라서 관념적이거나 단순히 좋아하는 감정에 의존하는 사랑이 아니라, 정직한 행위로 드러나는 행동하는 양심이다. 헤세드 사랑은 무엇보다 인류를 향한 하나님의 긍휼히 여기시는 마음과 용서, 자비와 은혜를 포괄하는 어휘다.

헤세드는 구약성서 가운데 가장 독특하고 구별된 어휘 중 하나이며, 통일된 하나의 언어로 해석이 어려워서 사용된 본문의 정황에 따라 역사적 배경과 사회적 환경을 고려하여 호의나 친절, 사랑이 베풀어진 의미에 차이점을 두고 번역어휘를 선택하게 된다. 어원은 알려지지 않으며, 구약성서에서 동사 하사드^{hasad} "친절을 베풀다", "신실하게 행하다", "호의를 보이다"는 거의 나타나지 않는다. 다윗의 승전가에서^{삼하22:26 =} ^{시18:25} "스스로 신실하게 행동하는 경건한 사람"에게 주님이 신실하심을 베푸신다고 노래한다. 형용사 하시드^{hasid}는 "친절한", "경건한" "신실한", "독실한" 뜻으로 이해하며, 사람을 지칭할 때 "신앙이 신실하고 경건한 사람"을 말한다. 구약성서에서는 명사 헤세드hesed가 주로 사용된다. 명사 헤세드의 사전적인 의미는 가족이나 친척, 친구, 고대 이스라엘 사회에서 왕과 신하, 주인과 노비 등 사람과 사람관계, 또한 하나님과 사람 관계에서 "변함없이 지속적인 사랑", "신의", "충정, 충의 혹은 충직", "자비", "긍휼", "은혜", "진실", "호의", "우정", "신뢰", "인자 혹은 인애", "선행" 등 서로 관계 안에서 사랑의 행동을 유추할 수 있는 다양한 동의어로 해석할 수 있다. 일반적으로 헤세드는 사람 사이에서 책임감 있는 신뢰관계를 드러내지만, 특별히 그의 백성 이스라엘에, 보편적으로는 모든 인류에게, 하나님이 조건 없이 베푸시는 사랑, 은혜, 자비, 긍휼, 구원, 기대하지 않은 호의 등을 포함한다. 아하브가 일방적인 사랑도 표현할 수 있는데 반해, 헤세드는 반드시 사람들과 사람들, 사람들과 하나님과의 상호관계 안에서 호혜적으로 베푸는 행동으로 드러난다. 또한, 아하브가 어떤 특정한 사물을 좋아하거나 추상적인 가치추구를 선호하는 감정을 드러내는 것과는 달리, 헤세드는 무생물과의 관계를 보이지 않는다.

헤세드는 단순히 사랑하는 감정이나 태도를 의미하는 것이 아니라, 헤세드를 제공하는 사람이 수혜자에게 베푸는 도움이 그 환경과 상황에서 구체적으로 드러나는 행동양식이다. 구약성서에서 헤세드는 사람과 사람관계에서 일어나는 어떤 행동양식보다는 하나님의 사랑을 드러내는 도구로 주로 사용된다. 헤세드는 본질적으로 진리와 함께 하나님의 주권적인 성품에 바탕을 두고 있기 때문에 인간이 필요로 하거나 갈망하는 것에서 그 행동양식이 비롯되는 되는 것이 아니라, 하나님이 베푸시는 은혜에서 출발한다. 이스라엘의 오만하고 지속적인 악행에도 불구하고 오히려 고집스럽게 그들을 하나님께 돌아오도록때로 징계와 심판이 주어지지만 긍휼을 베푸시고 용서하는 능력이 바로 헤세드다. 하나님은 그의 백성이 언제든지 잘못을 뉘우치고 하나님께 돌아오도록 기회를 주고 기다리신다. 하나님 헤세드는 인간 삶의 현장에서 한결같은 현재다.

헤세드는 주로 독립적으로 사용되지만 다른 어휘들을 동반하여 그 의미가 폭넓게 적용되는데, 함께 쓰인 중요한 용어들과 성서 본문들은 다음과 같다.[8] 에메트emet, "진리, 성실, 믿음, 신뢰, 참됨"와 함께 신실하게 변함없는 사랑이나 은혜를 베푸는 행위를 드러낸다.창24:27,49, 32:10, 47:29; 출 34:6-7; 수2:14; 삼하2:6, 15:20; 왕상3:6; 시25:10, 26:3, 40:10, 57:3,10, 61:8, 85:11, 86:14, 89:15, 115:1, 138:2; 잠3:3, 14:22, 16:6, 20:28; 사16:5; 호4:1; 미7:20 토브tov, "선함, 유익, 안녕, 복지"와 함께 주로 자비를 베푸는 사랑으로 표현된다.대상6:34,41; 대하5:13, 7:3, 20:21; 스 3:11; 시23:6, 100:5, 106:1,8,15,21,31, 107:1, 118:1-4,29, 136:1-26; 렘33:11 라하밈rahamim, "긍휼히 여김, 자비, 은혜, 사랑"과 함께 허물이나 죄악을 용서하고 긍휼을 베푸는 사랑을 드러낸다.시25:6, 40:11, 51:1, 69:16; 사 54:8, 63:7; 렘16:5; 애3:22; 단1:9; 호2:19; 슥7:9 에무나emunah, "진실, 성실, 신뢰, 확신, 한결같음"는 에메트와 같은 어원에서 나온 어휘로 의미도 유사하며 때로 호환하여 사용하기도 한다. 신뢰의 관계에서 드러나는 참사랑을 표현한다.삼하22:51; 대하6:41; 시6:5, 12:2, 13:6, 17:7, 18:51, 31:17, 33:5, 40:10, 57:4, 69:14, 85:1,8,15, 89:1,24,33,49, 92:2, 98:3, 103:17-18; 잠20:6; 렘9:23; 호2:20 미쉬파트mishpat와 쩨다카/쩨데크tsdaqah/tsdeq "정의, 공의, 심판, 공평함, 정당성, 공정한 판단과 판결, 법률, 규례"와 함께 특히 법적으로 공평하고 정의로운 판단과 판결에서 드러나는 사랑의 행동양식을 의미한다.시33:5, 36:10, 40:11,12, 85:11, 89:15, 101:1, 103:17,18, 145:17; 잠21:21; 사16:5, 57:1; 호2:19, 12:7; 미6:8; 슥7:9 베리트berit,

---

8) 고든 클락(Gordon Clark)은 헤세드가 동반한 어휘들이 사용된 빈도수를 어의적 연구관점에서 조사하여 발표했다. 클락의 연구에 따르면, 에메트와 51회, 토브와 28회, 라하밈과 21회, 에무나와 20회, 미쉬파트와 18회, 베리트와 18회, 쩨다카와 15회가 사용되었다. Gordon R. Clark, *The Word Hesed in the Hebrew Bible* (Sheffield: JSOT Press, 1993), 78-108 쪽

"언약, 약속"와 함께 파기할 수 없는 사랑의 확증을 보여준다.신7:9,12; 왕상 8:23; 대하6:14; 느1:5, 9:32; 시25:10, 50:5, 89:29, 103:17,18, 106:45; 사54:10, 55:3; 단9:4

이 어휘들은 구약성서에서 하나님과 하나님 백성의 관계를 이해하는 데 중요한 신학적인 개념들이다. 호세아서는 하나님과 하나님 백성의 관계를 설명하기 위해 다양한 은유적 기법을 활용하는데, 그 중 하나가 결혼 은유를 택하여 언약관계를 보여준다. 예언적 메시지에서 이스라엘에게 하나님이 이러 이러한 조건으로 결혼하면 비로소 이스라엘이 하나님을 알 것이라고 선언하는데, 헤세드와 함께 쓰인 위에 언급한 어휘들이 결혼의 조건으로 등장한다.

> 내가 너와 결혼하여 영원할 것이다
> 내가 너와 공의와 정의, 변함없이 지속적인 사랑, 긍휼히 여김으로 결혼할 것이다
> 내가 너와 진실함으로 결혼할 것이며, 네가 주님을 알 것이다.호2:19-209)

이스라엘과 새로운 언약관계베리트를 제시하는데 동반되는 조건들이 "변함없이 지속적인 사랑헤세드"과 병행하여 그 의미를 강조하는 "공의미쉬파트와 정의쩨다카", "긍휼히 여김라하맘", "진실함에무나"이다. 이 어휘들은 언약공동체를 건강하게 이끌어가는 관계윤리로서 일상에서 드러나야 하는 개인과 개인, 무리와 무리, 개인과 공동체 등, 서로 지향하는 삶

---

9) 여기서 "결혼하다"로 번역한 어휘 아라스(aras) 문자적으로 "약혼하다, 정혼하다"라는 의미다. 고대 이스라엘을 비롯한 근동지역 풍습에서 약혼은 신랑이 신부를 위한 지참금을 신부 아버지에게 지불하는 결혼성사과정의 마지막 단계다. 법적으로 지참금을 지불하는 약혼(아라스)이 이루어지면 결혼과 동일한 효력을 가진다(신명기 20:7; 22:23-29; 출애굽기 22:16-17). 약혼 후(지참금 지불 후) 날짜를 정하여 동거하므로 실제적인 부부의 삶이 시작된다.

의 태도들이다. 호세아 예언의 현재에서 이스라엘 사회 안에 이러한 기본이 지켜지지 않으니 하나님 자신이 직접 보여주시겠다고 말씀하신다. 하나님이 베푸시는 이러한 행동양식 안에서 비로소 이스라엘은 하나님을 피상적으로 종교적인 행위를 통해 아는 것이 아니라, 사랑의 관계 안에서 순종함으로 알게 될 것이다. 각각의 행동양식은 관계 안에서 서로 감당해야 하는 책임이고 기대감이다.

공의는 공동체 안에서 신실하게 감당해야 하는 각자의 책임이고 의무다. 예언자 아모스는 이스라엘 백성이 정의와 공의를 땅에 내동댕이쳤다고 신랄하게 비판한다. 진정한 예배는 정의와 공의가 제대로 실현되는 공동체를 만들 때 가능하다고 선언한다.암5:7,24, 6:12 예언자 호세아도 정의를 심어서 헤세드로 수확하라고 촉구한다. 우상숭배와 악을 떠나 하나님 앞에 돌아오라는 외침이다. 지금이 바로 하나님을 찾을 때니, 하나님 앞에 돌아오면 그들을 바른 삶으로 이끄는 공의를 비처럼 내려주시겠다는 약속이다.호10:12 시편에서 하나님은 온 민족들 앞에서 명백하게 공의를 실행하는 분이라고 시인은 찬양한다.시98:2

정의는 공의와 대부분 함께 쓰이는 어휘인데, 때로 독립적으로 쓰이지만 같은 개념으로 이해한다. 정의는 공동체가 추구해야 하는 올바른 법적인 결정을 내리고 따르는 행위다.암5:7,24, 6:12 재판의 공정성을 법으로 규정하고 있음에도출23:6,8; 신24:17, 정치 종교지도자들이 타락하면서 정의가 실현되지 않는 것을 예언자들은 비판한다. 재판에서 사람의 명령이 정의를 앞서니 학대가 일어나고 잘못된 판결을 하는 것을 호세아는 지적한다.호5:11, 10:4 미가가 통렬하게 비판하는 지도자들의 악행은 뇌물로 정의를 대신하는 것이다. 정의를 미워하고 정직한 것을 굽게 하는 정치지도자들은 뇌물을 위하여 재판하고, 제사장은 돈을 위하여 말씀을 가르치며, 선지자들은 뇌물을 주면 평안함을 예언하고 돈을 주지 않으면 저

주를 퍼붓는다고 고발한다.^{미3}

긍휼히 여김은 특별히 공동체 안에서 가난한 사람들에게 베풀어야 하는 그들과 공감하는 사랑이다. 또한, 잘못을 저지른 사람에게 용서를 베푸는 은혜를 의미한다. 요셉이 아직 신분을 감추고 그의 형제들을 만나고 있을 때, 동생 베냐민을 본 순간 긍휼히 여기는 마음이 복받쳐 자리를 피해서 울었다고 성서 저자는 기록한다.^{창43:30} 긍휼히 여기는 마음은 어머니가 자식의 생사를 논하는 재판 앞에서 친권을 포기하면서 자식을 구하는 애절한 사랑이기도 하다.^{왕상3:26} 하나님은 바빌로니아 포로로 잡혀간 유다 백성에게, 하나님이 그들을 불쌍히 여기시듯 바빌로니아 왕이 포로들을 불쌍히 여겨 본향으로 돌려보내게 하겠다고 예레미야 예언을 통해 약속하신다.^{렘42:12}

진실함은 서로 신뢰함으로 드러나는 정직과 순수함을 의미한다. 하나님 말씀이 멸시되고 정의가 전혀 시행되지 못하므로 악이 승리하는 것 같아도, 의인은 하나님을 신뢰하는 진실한 믿음으로 사는 것이라고 하나님은 예언자 하박국의 질문에 답하신다.^{합2:4} 이 모든 행동양식은 하나님의 주권적인 속성을 반영한다. 거룩하신 하나님은 공의와 정의로 주되심의 거룩함을 증명하시며^{시5:16}, 인생들에게 변함없이 지속적인 사랑과 긍휼을 베푸시고^{출34:7; 시86:15; 욜2:13} 등, 신실하심으로 하나님 백성이 의인의 길에서 살도록 인도하신다.^{합2:3-4}

사람과 사람관계에서 헤세드는 가족이나 친척^{창20:13}의 아브라함과 사라; ^{창24:49}의 아브라함의 종과 라반의 가족들; 창47:29의 야곱과 요셉; 룻1:8의 나오미와 두 며느리; 룻2:20의 보아스와 룻과 나오미; 룻3:10의 룻과 보아스, 친구들^{삼상20:8,14}의 요나단과 다윗; 삼하9:1,3,7의 요나단의 후손과 다윗; 삼하10:2의 다윗과 나하스; 삼하16:17의 다윗과 후새; 왕상2:7의 다윗과 바르실래의 아들들, 주인과 손님^{창19:19}의 롯과 사자들; 창21:23의 아브라함과 아비멜렉; 수2:12,14의 라합과 정탐꾼들, 왕과 신하삼하2:5의 사울 왕과 길르앗 야베스 사람들; 삼하3:8의 아브넬과 이스보셋 왕; 대하24:22의 요아스 왕과 여호야다, **단체 혹은 무리**창40:14의 요셉과 파라오의 신하들; 삿1:24의 요셉 가문과 벧엘의 한 시민; 삿8:35의 기드온 가문과 이스라엘; 삼상15:6의 사울과 겐 족속 사이에서 개인적으로 혹은 공동체가 상호 간에 책임을때로 의무를 동반한 책임 감당하므로 서로에게 약속을 지속시킬 수 있는 신뢰를 제공하는 사랑이다.

사람과 사람 관계에서 헤세드는 무엇보다도 상대방을 신뢰하므로 진실하게 주고받는 교감이다. 관계유지를 위한 상호 책임과 의무를 신실하게 감당하는 행동양식으로, 서로 교제하며 협조하고, 우정을 나누고 형제애/자매애를 나누며, 신의와 충절을 지키므로 지속적으로 신실한 관계의 총체적 조화를 이루는 사랑이다. 상호 의무와 책임의 관점에서 헤세드는 어느 한 편에 의해 유지되는 관계가 아니라, 양쪽 모두가 지속적으로 보여주는 신뢰와 진실함이다. 따라서 인간관계에서 헤세드는 자신이 속한 공동체에서 다른 구성원에 대하여, 혹은 약속이나 맹세로 맺어진 조직이나 회합, 외교관계 등에서 상호 신실한 책임과 의무를 감당하는 변함없이 지속적인 사랑이라고 정의할 수 있을 것이다. 구약성서에서 인간관계의 헤세드는 공동체 안에서 지속적인 활발한 사회활동을 의미한다. 헤세드는 단순히 인간의 행동양식을 의미하는 것이 아니라 그 행동양식에서 기인하는 활력을 포함한다. 이 실질적인 사랑의 실천이 공동체 삶을 유지하는 원동력이다. 헤세드 사랑은 남편과 아내, 부모와 자녀, 형제와 자매, 친척, 친구, 주인과 손님, 두 사람 혹은 두 그룹의 친밀한 사회적 기능을 형성하며, 진실과 신의를 실천하는 행동을 바탕으로 상호 간의 관계를 형성한다. 하나님 백성은 자신이 소속된 공동체 안에서 자기 자신에게 신실할 뿐 아니라 공동체 구성원들에게 이 헤세드를 실천하므로 진실한 공동체를 만들어야 하는 책임이 있다. 때로는 어느 특정한 삶의 정황에서 갑자기 요구되는 행동양식이기도 하지만, 서로의 관계는 언제나 신뢰를 바탕으로 요구하고 베푸는 관계를 형성한다.

믿음의 공동체 안에서 언약을 지키고 헤세드를 행하는 것은 공동체 구성원들 간에 윤리와 신앙생활의 초석이다. 예언자 미가는 유다 백성의 하나님을 향한 마음이 피상적인 종교적 행위에 있음을 지적하며, 하나님이 그의 백성에게 원하시는 것은 "천 천의 숫양이나 만만의 강물 같은 기름"으로 바치는 희생 제사가 아니라, "오직 정의를 행하며 헤세드를 사랑하며 겸손히 하나님과 함께 걷는 것"이라고 선포한다.미6:8 포로 후기 예언자 스가랴는 하나님 백성이 포로로 잡혀간 까닭은 토라와 포로 이전 예언자들을 통해 전하신 하나님 말씀을 순종하지 않았기 때문이라고 지적한다. 스가랴는 토라를 실천하는 행동양식은 진실한 재판을 하는 것, 헤세드와 긍휼을 베푸는 것, 사회구성원의 약자들을 보호하는 것인데 지켜지지 않았으므로 결국 하나님의 진노가 임했다고 예언한다.슥7:9-12

개인과 개인 사이에서 보여주는 헤세드는 하나님 앞에서 하나님 백성으로서의 합당한 삶의 태도다. 언약관계 안에서 개인과 개인, 개인과 하나님, 구성원 전체와 하나님 간에 신의와 상호 정직한 책임을 실천하는 것이다. 윤리적 실천과 믿음으로 행한 인간의 헤세드는 결국 하나님의 헤세드에 기초한다. 하나님을 경외하고, 그의 명령과 언약을 지키며, 신실하게 하나님을 예배하므로, 하나님의 헤세드를 기대하는 확신이 있기 때문이다.출20:6; 신5:10, 7:9; 왕상8:23; 대하6:24; 느1:5, 9:32; 시4:4, 13:6, 17:7, 21:8, 25:10, 26:3, 32:10, 38:18,22, 52:10, 86:5, 103:17-18, 119:157, 143:8, 144:2, 145:17-20, 147:11; 단9:4 친구 한 사람에게 행한 헤세드는 하나님을 경외하는 삶의 증거로 드러난다. 욥은 자신의 괴로움을 저울로 달 수 있다면 바다모래보다도 무거울 것이라고 한탄하며, 친구의 헤세드가 동정으로 받아들여짐을 고백한다.욥6:2,14 잠언에서 현자는 헤세드를 행한 결과는 복과 구원의

분깃으로 나타난다고 훈계한다.^{잠14:22, 21:21, 31:26}

어느 면에서는 인간관계에서 드러나는 의미와 똑같은 현상으로 이해할 수 있지만, 하나님 헤세드는 단순하게 설명하기가 쉽지 않다. 어떤 사회적 환경과 삶의 정황에서 하나님 헤세드가 행해졌는지에 따라 그 의미를 유추할 수 있다. 하나님 헤세드는 한 사람을 향한 예를 들면, 창 24:12,27 의 아브라함의 종; 창32:9-12의 야곱; 신7:12의 하나님의 말씀을 듣고 지키는 사람; 미 7:20의 아브라함; 삼하7:11-16=대상17:10-14; 시89장; 사55:3의 다윗; 느13:22의 느헤미야, 혹은 하나님이 선택하신 백성을 향한^{민14:19; 시85, 130} 하나님의 신의, 은혜, 호의, 긍휼히 여김, 인자하심, 신실하심, 변함없이 지속적인 사랑, 영원한 사랑 등을 의미한다.

하나님 헤세드는 무엇보다도 그의 백성을 향한 하나님의 언약관계를 표현하는 데 사용하는 어휘다. 주 하나님은 아브라함과 사라의 후손들을 이집트 종살이에서 해방하고 하나님을 사랑하고 그의 명령을 따르겠다고 약속한 사람들과 헤세드 사랑을 전제로 '하나님과 하나님 백성'의 관계를 약속하신다.^{출20:2-6; 신5:9-10, 10:12-13} 해방 이후 하나님은 그 헤세드 사랑으로 선택한 백성을 인도하시고 이끄신다.^{출15:13} 하나님 백성의 역사 속에서 주 하나님은 모든 민족 앞에서 자신의 백성을 지키는 헤세드 사랑이 무엇인지를 명백히 보여주신다.^{시98:2,3, 117:2}

하나님 헤세드는 하나님의 주권과 다스리심을 나타내며, 하나님이 왕권을 세우는 언약의 중요한 요인이다. 다윗 왕조는 하나님께서 헤세드 사랑으로 언약을 확증하므로 왕권을 견고히 한다.^{삼하7:15-16, 22:51; 왕상 3:6; 대하1:8, 6:42; 사16:5, 55:3} 시편 89편에서 시인은 하나님은 헤세드를 영원히 세우시고 지키시므로, 하나님이 허락하신 다윗 왕조의 지속성을 언약으로 확증하셨다고 찬양한다. 언약 공동체의 역사 속에서 주 하나님의 헤세드는 개인과 공동체의 총체적 삶을 표현하는 도구다. 하나님 헤세드는 하나님이 인간에게 관계를 제시하신 언약에 기초하며, 그 신뢰관계 안에서 소통하는 길이다.

하나님 헤세드는 또한 창조세계의 질서를 관장하는 힘이며욥37:13, 세상을 충만하게 채우는 하나님 현존의 기운이다. 시인들은 하나님 헤세드가 온 땅에 가득하다고 찬양한다.시33:5, 119:64 하나님 헤세드는 하나님과 그의 백성과의 언약 안에서 하나님이 누구신지를 사람에게 보이시는 성품이다. 다양한 돌봄과 인도하심을 통해 그의 백성을 향한 하나님 헤세드가 드러난다. 인생을 살아갈 수 있는 에너지를 공급하시는 하나님의 구원역사에서 우리는 헤세드를 경험한다.창19:19; 시6:4, 31:7,21, 32:10, 57:3, 59:10, 94:18, 119:48,149, 143:12

하나님의 공의와 정의에서 우리는 또한 하나님 헤세드를 경험한다. 사람이 자랑할 것은 지혜나 용맹스러움이나 부함이 아니라, 깨닫는 지각이 있어 하나님을 아는 것과, "하나님은 헤세드와 정의와 공의를 땅에 행하시는 분"임을 깨닫는 것을 자랑하라고 예언자의 메시지는 교훈한다.렘9:24 하나님이 공의와 정의를 사랑하심으로 하나님 헤세드 사랑이 온 땅에 가득하며시33:5, 공의와 정의가 하나님 보좌의 기초이므로, 하나님 헤세드와 진리가 그 앞에 있다고 시인은 고백한다.시89:14

하나님 헤세드 사랑은 하나님의 진노 하심조차 잠재운다. 노하기를 더디 하시는 하나님 속성은 그의 백성을 향한 변함없이 지속적인 사랑과 긍휼히 여기심으로 용서하는 것에서 비롯되기 때문이다.시25:6,7, 106:45,46; 사54:8,10, 63:7 원수들에게 짓밟히고 황폐화된 예루살렘의 현실에서도 소망이 있음은, 하나님의 변함없이 지속적인 사랑과 긍휼하심이 아침마다 새롭게 시인을 일으키기 때문이다.애3:22,32 주 하나님과 비교할 다른 신이 없음은, 하나님은 헤세드 사랑으로 진노를 오래 품지 않으시고, 그의 백성을 긍휼히 여기셔서 그들의 죄를 용서하시기 때문이라고

예언자 미가는 고백한다.^{미7:18}

하나님 헤세드는 지속적이며 영원하다. 주 하나님께 감사하며 찬양하도록 초대하는 시편기자의 확실한 이유는 하나님 헤세드 사랑은 영원하기 때문이다.^{대상16:34,41; 대하5:13, 7:3,6, 20:21; 스3:11; 시106:1, 107:1; 렘33:11} 하나님 헤세드는 어려운 환경에서도 기뻐 노래 부를 수 있는 원인을 제공하며^{시59:16-17}, 하나님을 찬양하게 하는 은혜다.^{시89:1, 90:14, 92:1-4, 101:1} 하나님 헤세드는 용서를 구하는 자들의 간절한 기도의 원동력이다. 사람들은 하나님이 헤세드 사랑을 베푸셔서 자신들의 죄와 허물을 기억하지 마시고 구원해주실 것을 간구한다.^{민14:17-19; 시25:7, 51:1, 109:21,26, 119:149} 하나님 헤세드는 인생의 고난 시기에 고통을 감내하고 일어설 수 있는 꿈이며 희망이다. 절망 속에 있는 사람들에게 하나님은 헤세드 사랑과 은혜로 쉼을 허락하시기 때문이다.^{시13:5, 17:7, 33:18,22, 36:7, 143:8} 하나님 헤세드는 인생들에게 하나님의 변함없이 지속적인 사랑을 기억하고 잊지 않게 하는 능력이다. 그 능력이 하나님 백성으로서 자부심을 느끼고 사는 힘을 공급한다.^{시40:10, 48:9, 92:1-4, 107:43; 시63:7} 하나님 헤세드는 하나님 백성에게 말씀을 가르치는 지침이다. 사랑으로 받은 말씀이 그 사람을 생명의 길로 인도하기 때문이다.^{시119:124, 143:8}

정리하면, 헤세드는 일반적으로 인간관계에서 상호 협력과 돌봄, 지속적인 사랑, 책임과 의무를 수행하는 신실한 약속이다. 사람과 사람관계에서 헤세드는 상호 신뢰를 바탕으로 책임 있게 약속을 수행해야 하는 행동양식이다. 가족, 친척, 친구 등의 관계에서 드러나는 사랑이며^{예를 들면, 창20:13의 아브라함이 위기극복을 위해 사라에게 요구한 헤세드; 창47:29의 야곱의 부탁과 요셉의 맹세; 룻2:20의 보아스가 룻에게, 3:10의 룻이 시댁에 베푼 은혜; 삼상20:8의 다윗과 요나단의 약속}, 개인과 공동체, 혹은 공동체 간에 맹세나 언약으로 수행해야 할 신실한 약속이다. 예를 들면, 수2:12의 기생 라합과 정탐꾼들과의 맹세;

삼하10:2의 다윗과 암몬 왕 나하스의 친분; 왕상2:7의 다윗을 도운 길르앗 바르실래의 아들들; 대하24:22의 유다 왕 요아스의 여호야다가 베푼 헤세드 배신 전혀 친분이 없는 관계에서 헤세드가 요구된다 해도 주어진 환경에서 서로를 향한 신뢰를 바탕으로 은혜를 베풀고 받는 예의다.

하나님과 사람관계에서 헤세드는 하나님이 그의 백성을 향해 베푸시는 변함없이 지속적인 사랑과 은혜에 더 가치를 둔다. 이는 하나님을 향한 인간의 헤세드는 하나님과 하나님 백성의 언약관계에서 윤리와 신앙의 기본전제이며, 언약을 지키고 하나님 명령을 따르는 삶의 태도에서 출발하기 때문이다. 미7:8; 슥7:9 하나님 헤세드는 언약 공동체 안에서 하나님이 어떤 분이신지 친히 자신을 계시하시고 말씀하신 하나님의 속성이다. 하나님 헤세드는 하나님 본질을 드러내는 주권이며 통치하심을 나타내는 능력이다. 따라서 하나님 사랑으로 선택하시고 거룩한 백성으로 구별하신 언약 공동체의 역사 속에서, 인생의 주권자로서 하나님이 베푸시는 헤세드는 개인과 공동체의 총체적 삶을 인도하는 도구다. 하나님 헤세드는 하나님이 선택한 사람이나 공동체에 조건 없이 베푸신 은혜와 언약에 기초하며, 이는 인간이 하나님과 교제하며 관계를 성립하는 안내문이다. 하나님 헤세드는 하나님의 본질이므로 지속적이며 영원하다. 오늘 여기 이 시간, 하나님 헤세드는 한결같은 현재다.

3장

사람과 사람관계에서 헤세드

    사람과 사람관계에서 헤세드는 서로 간의 신뢰를 바탕으로 예기치 않은 상황에서 돌봄이 필요한 상대에게 은혜를 베푸는 행동양식으로 주로 드러난다. 상호 관계이해는 이미 친밀함을 형성하는 가족이나, 친척, 친구관계에서 주고받는, 때로 의무감을 동반하여 책임 있는 사랑의 행동을 보여주는 것이다. 신뢰관계 안에서 일어나는 서로 기대감을 보여주고 받아들이는 사랑이다. 또한, 삶의 위기를 경험하거나 절박한 도움이 필요할 때 즉각적으로 서로를 보호하고 돌보는 행위로서 드러나기도 한다. 서로 친분이 없는 상황에서도 도움이 필요할 때 헤세드는 요구되고 베풀어진다. 대부분 우연히 만나는 상황에서 어느 한편이 상대를 향하여 돌봄을 기대하며 헤세드를 제안하거나 요청한다. 친분관계에서 행해지는 헤세드와 마찬가지로 서로에 대한 신뢰를 바탕으로 책임 있게 서로의 필요를 공급한다. 따라서 헤세드를 행한다거나 헤세드를 보여준다는 표현을 사용한다.

부부의 변함없이 지속적인 사랑

헤세드를 통해 어려운 상황을 극복하고자 했던 가족관계의 대표적인 이야기는 사라와 아브라함의 부부관계에서 보여주는 사랑이다. 아브라함과 사라의 삶과 신앙을 보여주는 창세기 본문은[12-25] 그들이 반 유목 사회를 구성하고 있음을 보여준다. 성서 저자는 어떻게 부부가 가는 곳마다 하나님을 경외하는 삶을 통하여 이웃관계를 형성하는 다른 부족들과 평화를 유지하고 살아가는지, 이들의 나그네 삶의 여정을 소개한다. 부부는 아내의 아름다운 외모로 남편이 죽임을 당하고 아내를 빼앗길 수 있다는 두려움에 가는 곳마다 오누이로 자신들의 관계를 밝히고 살기로 약속한다. 약속이라기보다는 남편의 일방적인 요구다.

고대 이스라엘 가부장적 사회에서 남편은 법적으로 그 가속들의 안녕을 책임져야 하는 의무와 책임이 있다. 결혼관계에서 부인은 남편에게 의존되어 있으며 남편과 그의 가문을 위해 충절을 지켜야 한다. 가장 고귀한 사회적 가치는 가부장제 가족제도를 유지할 수 있는 가문의 전통과 순수성을 지키는 일이다. 가문의 전통과 지속성은 그 집안이 소유한 땅과 재산을 지키는 것이다. 이 의무와 책임은 그 집안의 장자상속으로 이어지기 때문에 결혼한 여인은 가문을 이끌어갈 아들을 출산하는 일이 가장 중요한 역할이며, 이는 신으로부터 받는 가장 존귀한 복 중의 하나이기도 하다.

대부분 고대 이스라엘 여성들의 지위는 남편의 삶과 지위에 따라 결정된다. 하지만, 엄격한 법적 지위와 달리 실질적인 사회적 역할에는 차이가 있음을 알 수 있다. 어머니로서 뿐만 아니라 종교적, 정치적, 경제적 영역에서 여성들은 매우 적극적으로 지도력을 발휘하기도 했다. 예를 들면, 창세기에 등장하는 사라, 리브가, 레아, 라헬 등 족장들의 아내들은 가정경제와 여종들을 관리하는 일에 전적으로 동참하고 있다. 예언자이

며 정치지도자 미리암출15:20-21; 민12:1-2; 미6:4, 예언자이며 사사 드보라
삿4-5, 드고아의 지혜로운 여인삼하14:2-20, 20:16-22, 여왕 아달리야왕하11,
예언자 훌다왕하22:14이하, 왕비 에스더에, 지혜롭고 능력 있는 여인잠31 등
은 그들의 시대에 여성의 활동상을 보여주는 대표적인 예다. 한 가정에
서 부인의 역할이 남편에게 전적으로 종속되어 있거나 열등한 관계가 아
니었음을 알 수 있다. 또한, 당시 확대가족제도에서 오빠가 누이동생의
생계를 책임져야 하는 것은 당연한 일이고 여동생과 동행하는 일은 다른
이들에게 의심의 요인을 제공하는 아무런 이유가 없다. 따라서 아브라함
에게는 부부가 아닌 오누이 역할이 가장 안전한 삶의 장치라고 생각했을
것이다.

서로 다른 환경에서 이 부부의 동일한 상황을 보여주는 이야기가 두
번 등장한다. 첫 번째 사건은 이집트 왕 파라오와의 관계에서 발생한다.
극심한 가뭄을 극복하기 위해 이집트로 피난을 떠난 아브라함은 먼저 아
내 사라에게 자신의 두려움을 고백하고 그곳에서 머무는 동안 오누이관
계로 지내야 한다고 말한다.창12 아내 사라가 매우 아름다워서 이집트 사
람들이 부부인 것을 알면 자신을 죽이고 사라를 빼앗아갈 것이라는 아브
라함의 생각이다. 예상했던 대로 파라오의 신하들이 사라의 아름다움을
왕 앞에서 칭찬하니 사라는 파라오의 궁궐로 불려간다. 아내를 빼앗긴
다! 그리고 아브라함은 지역 관습에 따라 남자가 아내를 맞이하려고 치
르는 지참금으로 파라오에게서 많은 가축과 노비를 얻게 된다.[10]

두 번째 사건은 그랄 왕 아비멜렉과의 관계에서 일어난다. 아브라함이

---

10) 고대 근동지역에서는 아내를 값을 지불하고 데려와서 남편에게 소속된 재산으로 취급하
는 풍습이 있었으며, 오늘날에도 아프리카, 아랍, 인도 등 일부지역에서는 신랑이 신부를
맞이할 때, 혹은 신부가 신랑 집으로 들어갈 때 돈이나 보석, 토지, 가축 등 그 사회에서 높
은 가치로 취급되는 물질을 배우자 부모에게 상납해야 하는 지참금 지불 관습이 여전히
남아있다. 하지만 구약성서에는 아내를 맞이할 때 지참금을 지불하거나 혹은 남편의 재산
가치로 지위를 인정하는 일은 없다.

팔레스타인 남쪽 네게브 지역으로 이주하여 그랄에 거주할 때, 아비멜렉 역시 사라를 아브라함의 누이동생으로 알고 데려간다. 다시 아내를 빼앗긴다!

이 동일한 사건에서 혹자는 아브라함이 하나님께 기도하지 않고 결정했기 때문에 저지른 실수라고 말하거나, 비겁하게 아내를 누이동생으로 속였다고 비난하는 해석을 하기도 한다. 하지만, 하나님은 아브라함과 사라가 믿음이 없다고 정죄하지도, 거짓말을 했다고 비난하지도 않으신다. 오히려 이 두 사건에 개입하셔서 부부가 위기를 극복할 수 있도록 은혜를 베푸신다. 사라를 아내로 맞이한 파라오와 그 집에 큰 재앙을 내리셔서 깨닫게 하시고, 아비멜렉에게는 사라를 가까이하지 못하도록 꿈을 통해 경고하신다. 이미 사라의 일때문에 아비멜렉 집안에도 여인들이 아이를 잉태하지 못하는 불임재앙이 내려지고, 아브라함의 용서 기도가 하나님의 치유를 가져오는 화해로 이어진다. 하나님은 아브라함을 아비멜렉과 그 민족 앞에 예언자로 세우셔서 그들을 중보하게 하신다. 아비멜렉은 아브라함에게 그 땅에서 안전하게 거주하도록 배려하고 사라의 수치도 속량한다. 부부 삶의 회복은 전적인 하나님의 보호와 은혜 안에서 일어난다.

이 두 사건의 핵심은 아브라함과 사라의 관계이해다. 하나님 앞에서 부부로 사는 한 여자와 한 남자의 행동양식이 어떤 관계를 형성하고 있느냐를 보여준다. 두 번째 사건에서 아비멜렉의 질문에 답하는 아브라함의 고백에서 우리는 부부관계를 이해하는 중요한 단서가 되는 어휘 헤세드를 듣게 된다. 우리말 성경에서 "은혜"로 해석하는 헤세드는 부부가 생명의 위협을 느끼는 상황에서 자신들의 변함없는 사랑의 관계 확인이며 신뢰의 증거다. 아브라함은 아비멜렉에게 그 땅에 하나님을 두려워함이 없으니 아내 때문에 자신이 죽임당할까 하여 오누이로 지냈노라고 설명한다.

> 아브라함이 말하기를, "참으로 이 장소에는 하나님을 경외함이 없으니 나의 아내로 말미암아 그들이 나를 살해 하겠구나"라고 생각했습니다. 또한, 그녀는 정말로 나의 아버지가 내 어머니가 아닌 다른 여인에게서 낳은 누이동생으로 내 아내가 되었습니다. 하나님이 나를 내 아버지 집으로부터 떠나 방랑생활을 하게 하실 때 내가 그녀에게 말했습니다. "이것이 당신이 나에게 행할 은혜헤세드요, 이후로 우리가 가는 모든 곳에서 당신은 나를 위해 '그 사람은 나의 오빠입니다'라고 말하시오"라고 했습니다. 창20:11-13

아브라함은 당시 사회적 정황에서 자신보다 사라가 생명의 위협을 극복하는데 더 나은 위치에 있음을 인식하고 아내로서 남편을 위해 은혜를 베풀어 달라고 요구한 것이다. 가족제도에서 보면 사라는 법적으로는 남편 아브라함에게 전적으로 의존하는 상황이지만, 일방적인 순종을 강요당하는 관계가 아님을 보여준다. 앞에서도 설명했듯이, 고대 이스라엘 사회에서 여성의 법적 지위는 가부장제도에 근거를 두지만, 부부의 삶에서 가장 중요한 것은 친밀한 관계이해인 것을 알 수 있다. 부부관계가 평소에 좋지 않았다면 아브라함은 사라에게 '변함없이 지속적인 사랑의 관계'를 실천하는 헤세드를 요구할 수 있었을까? 또한, 남편의 요구에 응답할 자유는 아내에게 있다. 남편으로서 도움을 요청할 때 은혜를 베풀지 아닐지는 아내의 몫이다. 사라는 아브라함의 제안에 동의하여 스스로 위험을 감수한다. 물론 성서저자는 아브라함이 사라에게 일방적으로 누이로서 행동하라고 요구하는 것에 대해 전혀 사라의 견해는 밝히지 않고 있다. 다만, 아비멜렉이 하나님 앞에 자신의 결백을 주장하는 과정에서 사라가 남편의 요구를 받아들였음을 암시한다: "그가아브라함이 나에게 '그녀는 내 누이입니다' 라고 말하지 않았습니까? 그녀사라 또한 '그는 나의 오빠입니다' 라고 말했습니다."창20:5a

아브라함이 사라에게 헤세드를 요구할 수 있었던 것은, 사라가 기꺼이 헤세드를 실천한 것은 이미 두 사람은 어떤 환경에서도 상대를 향한 신뢰가 삶의 바탕을 이루고 있음을 볼 수 있다. 한 여자와 한 남자가 부부로서 변함없이 지속적인 사랑을 유지할 수 있는 것은 서로에 대한 신뢰와 책임을 감당할 때 가능한 것이다. 부부관계에서 헤세드는 일방적인 헌신이나 희생이 아니다. 결혼이라는 언약관계 안에서 서로에게 변함없이 지속적인 신의를 지키는 것이다. 지금 여기, '너'와 '내'가 존재하므로 서로 마음을 끌어안는 사랑으로!

충직한 종의 선행

사라가 먼저 세상을 떠나고 아브라함은 가속 중에서 집안의 모든 소유를 관리하는 종에게 자신이 떠나온 고향에 가서 자신의 친족 중에서 아들 이삭의 아내를 택하여 데리고 오도록 부탁한다. 아브라함은 하나님께서 약속하신 대로 이삭에게 가나안 땅을 허락하실 터이니, 이삭의 아내를 택함에 있어서도 하나님이 앞서 사자를 보내셔서 종을 인도하실 것이라 믿고 그가 심부름을 잘 수행하도록 격려한다. 아브라함 동생 나홀이 살고 있는 성에 이르러, 종은 하나님께서 아브라함에게 헤세드를 베푸셔서 자신이 제안하는 대로 순조롭게 이삭의 아내를 만날 수 있게 해달라고 간구한다.창24:12 종이 마음속에서 말을 정리하기도 전에 나타난 처녀는 나홀의 손녀 딸 리브가였다. 종은 그녀를 마주하여 하나님께 말씀드린 대로 실행하니 그대로 받아들여진다. 종은 주 하나님을 경배하고 하나님께서 자기 주인을 위하여 헤세드와 진실함으로 대접하셨다고 고백한다.창24:27 종은 하나님께서 자기 주인 아브라함의 삶을 어떻게 복 주시고 인도하시는지 자신의 생애에 경험했기에, 언제나 변함없이 주인에게 베풀어 주시는 은혜, 헤세드로 자신의 임무를 감당하게 해달라고 기도한 것이다. 주인의 아들 이삭에게도 똑같이 베푸실 하나님의 은혜임을 알고 있기에 종에게는 당연한 간구였을 것이다. 하나님은 종이 기대했던 대로 헤세드 은혜를 허락하신 것이다.

하나님 은혜로 준비된 아름다운 리브가를 만난 종은 그녀의 집으로 초대된다. 종은 자신을 소개한 후 어떻게 하나님께서 아브라함과 사라를 복 주시고 자손을 낳게 하셨는지, 왜 아브라함이 자신을 이곳으로 보내서 며느리를 맞이하려고 하는지, 자신이 어떻게 이삭의 배우자 될 사람을 만나게 해달라고 하나님께 기도했는지, 하나님이 리브가를 어떻게 우물가에서 만나게 하셨는지 자세하게 설명한다. 그리고 리브가의 부모님께 자기 주인 아브라함을 헤세드와 진실함으로 예우해 달라고 요청한다.

> 나를 올바른 길로 인도하셔서 내 주인의 친척의 딸을 그 아들을 위해 택하게 하신 주님께 내가 머리 숙여 경배하고, 또한 나의 주인 아브라함의 하나님 야훼를 송축했습니다. 그러니 이제 당신들은 나의 주인에게 인자하심헤세드과 진실함으로 행하여 이 일에 관한 것을 나에게 말씀해 주시고, 그렇지 아니할지라도 내게 말씀해주셔서 내가 우로든지 좌로든지 향할 수 있게 해주십시오.창24:48-49

리브가의 아버지 브두엘과 오빠 라반은 이 일을 주님께서 인도하셨음을 인정하고 리브가를 데리고 가서 주님이 말씀하신 대로 이삭의 아내가 되게 하라고 허락한다. 하나님이 아브라함에게 베푸신 헤세드 은혜로 자신의 여행 여정과 목적을 설명한 종의 이야기만으로 브두엘은 그를 믿고 자신도 헤세드를 보여준 것이다. 큰아버지 아브라함에 대한 신뢰와 성실함으로 브두엘은 아브라함의 종이 임무를 완수하도록 헤세드를 베푼 것이다. 이는 또한 이삭에 대한 신뢰와 진실함이다. 이삭을 본 적도 없고 만난 적도 없지만, 이들의 신뢰관계에는 주 하나님이 주관하심을 믿고 따르는 중재도구로서 헤세드가 존재한다. 그들에게 약속하신 대로 하나님은 언제나 변함없이 지속적인 사랑으로 보호하시고 인도하시기 때문이다. 친족 간에 믿음과 진실함으로 행한 헤세드는 한 남자와 한 여자가 만나 서로 사랑하며 위로받는 아름다운 가정을 이루게 한 것이다.

아버지와 아들의 약속

가족관계에서 드러나는 사랑의 또 다른 모습은 아버지가 아들에게 요구하는 헤세드다. 야곱은 자신의 삶을 정리해야 할 때가 이르렀음을 알고 아들 요셉을 불러 '사랑과 신실함'으로 자신의 죽음을 예우해 달라고 부탁하고 반드시 실행에 옮길 것을 맹세하게 한다.

> 이스라엘이 죽을 날이 가까이 이르렀을 때, 그의 아들 요셉을 불러 말하기를, "내가 네게 은혜를 입었거든 제발 부탁하니 네 손을 내 허벅지 아래에 넣고, 네가 나에게 인애헤세드와 진실함으로 행해야 할 것은, 나를 이집트 땅에 묻지 말라는 것이다. 내가 내 조상과 함께 눕거든, 나를 이집트에서 메어다가 그들이 묻힌 곳에 나를 묻어다오"하였습니다. 요셉이 "내가 아버지의 말씀대로 실천하겠습니다" 말하니, 이스라엘이 다시 말하기를 "나에게 맹세해다오" 하니, 요셉이 아버지에게 맹세했습니다. 그런 후에 이스라엘이 침대 머리에서 [하나님께] 경배했

습니다. 창47:29-31

요셉이 이집트 총리직임을 수행하던 때, 근동지역 전역에 극심한 기근이 계속되자 늙은 야곱이 온가족을 이끌고 가나안을 떠나 이집트로 이민가는 이야기가 창세기 46장에 등장한다. 이집트로 향하는 여정에서 야곱은 브엘세바에 체류하면서 아버지 이삭과 함께 하셨던 그 하나님을 경험한다. "일곱 우물" 혹은 "맹세의 우물"을 의미하는 브엘세바는 야곱이 형에서의 분노를 피해 외삼촌 댁으로 피신할 때 머물렀던 곳으로, 그의 젊은 날의 아픔이 서린 곳이다. 창28:10 그곳은 할아버지 아브라함과 할머니 사라, 아버지 이삭과 어머니 리브가의 예배처소로서 조상의 신앙 전통이 살아있는 영적인 장소이며, 세상살이에서도 조상의 나그네 삶의 흔적이 숨 쉬는 곳이다. 창21:22-34, 22:19, 26:23-25,33 하나님은 그의 아버지 이삭에게 말씀하셨던 것처럼 야곱을 통해 큰 민족을 이루실 것을 약속하신다. 또한, 이집트 이민 길에 친히 동행해주실 것이고, 때가 이르면 다시 돌아오게 하실 것이며, 요셉이 그의 임종을 지키게 할 것을 약속하신다. 창46:2-4

야곱은 평생 하나님이 주신 약속들을 잊지 않고 있었기에 요셉에게 헤세드의 사랑과 진실함으로 자신의 장례를 치를 것을 부탁한다. 또한, 유언을 통해 자신이 경험한 하나님이 누구이신지 요셉에게 고백하므로 아들의 정체성을 일깨워준다. 청년 시절 형을 피해 나그네 삶을 시작하며 루스에서 만난 하나님, 그래서 그곳 지명이 더는 루스가 아닌 벧엘, "하나님의 집"으로 고백하게 하신 하나님이다. 그 하나님은 야곱의 전 생애 백사십칠 세가 되는 날까지 돌보시고 인도하셨으며, 하나님의 사자를 통해 모든 악에서 그를 구원하셨음을 고백한다. 아마도 어린 십 대에 형들의 질투로 이방인에게 팔리면서 나그네 삶을 시작한 요셉에게 자신의 삶을 통해 아들이 알아야 할 것이 무엇인지, 앞으로 해야 할 일이 무엇인지 교훈하고자 함이 아니었을까… 이제 자신은 죽지만 하나님께서 그의 후손들을 번영하게 하시고 조상의 땅으로 돌아가게 하실 것을 알기에 할아버지와 할머니, 아버지와 어머니, 아내 레아가 묻힌 곳, 가나안 땅 마므레 앞 막벨라 밭에 있는 가족묘지窟에 누워야 하는 것이다. 또한, 자신이 그렇게 돌아가듯이 요셉이 돌아가야 할 곳이기에 헤세드로 맹세하게 한 것이 아닐까.

요셉은 아버지의 유언을 따라 맹세한 대로 헤세드를 실천한다. 요셉이 아버지에게 베푼 헤세드는 사랑으로 약속을 지킨 것이다. 더하여 형제들을 용서한다! 사랑은 용서할 수 있는 힘이다. 요셉은 아버지로부터 조상의 신앙전통을 물려받았고 자신의 정체성을 회복한 것이다. 아버지가 그랬던 것처럼 죽음 앞에서 요셉은 자신을 고향땅에 묻어달라고 부탁한다. 자신은 이제 죽을 것이나 하나님은 반드시 그의 선조들에게 주신 약속의 땅에 이르게 하실 것을 알기에, 죽어서라도 돌아가야 할 곳으로 가고자 하는 것이다. 몇 세기가 지나고, 그 장엄한 자유의 행진이 시작되던 날, 모세는 요셉의 유골을 취하여 이집트로부터 해방을 맞이한다.출13:19 한 아버지와 아들의 헤세드는 두 사람의 단순한 약속이 아니라, 세대와 세대를 이어주는 한결같은 사랑이고 믿음이다.

죽은 자의 가문을 일으킨 며느리

아직 전기시설이 없던 시절 산촌의 긴 어느 겨울밤, 할머니의 무릎 아래서 전해 듣던 가문의 구전역사처럼, 고대 이스라엘의 낯선 문화[11]를 배

---

11) 룻기를 해석하기 위해서는 고대 이스라엘에서 사회적 관습으로 행해졌던 두 제도에 대한 이해가 요구된다. 하나는 가문의 대를 잇기 위해 자식 없이 죽은 형제나 가까운 친족의 미망인과 결혼하여 죽은 자의 대를 잇는 '역연혼제도'(신 25:5~10; 참조, 창 38장)이다. 다른

경으로 룻기는 지혜로운 젊은 여인의 고귀한 헌신과 사랑이야기를 전해 준다. 사사들이 통치하던 어느 때 가나안 땅에 기근이 발생하자, 유다 베들레헴에 거주하던 엘리멜렉과 나오미는 두 아들 말론과 기룐을 데리고 모압 지방으로 이주한다. 불행하게도 남편이 죽고, 더하여 모압 여인들을 아내로 맞아들인 두 아들도 이민생활 십년 쯤 자녀들을 생산하지 못하고 죽는다. 인생에서 가장 혹독하고 절망적인 삶의 위기에 놓인 나오미는 주 하나님이 자기 백성에게 은혜를 베푸셔서 일용할 양식을 주셨다는 소식을 듣고 귀향을 결심한다. 가부장적 가족질서를 이어갈 수 있는 어떤 희망도 바랄 수 없는 늙은 여인은 젊은 며느리들이 자기 민족에게 돌아가 재혼할 것을 권유한다. 하지만, 시어머니의 제안을 받아들인 기룐의 부인 오르바와는 달리, 말론의 아내 룻은 죽은 남편에 대한 사랑을 시어머니에게 베푼다.

그러나 룻이 말했습니다. "어머니를 떠나라고 하거나 어머니를 따르지 말고 돌아가라고 강요하지 마십시오. 어머님 가시는 곳에 내가 가고 어머님 거주하시는 곳에 내가 거할 것입니다. 어머님 백성이 내 백성이 되고, 어머님 하나님이 나의 하나님이십니다. 어머님이 숨을 거두시는 곳에서 나도 죽을 것이고, 그곳에 내가 묻힐 것입니다. 죽음이 어머니와 나를 분리시키는 것 외에 어머니와 함께하지 아니하면, 주님께서 나에게 벌을 내리시고, 아니 그보다 더한 것이라도 행하시길 바

하나는 가나안 정복과 정착 후 각 지파에 소속된 가계에 따라 분배받은 땅을 매매할 경우, 지파 안에서만 가능하도록 한 것이다. 왜냐면 땅은 하나님이 그 백성에게 삶의 터전으로 주신 '선물'이지, 재산이 아니기 때문이다. 따라서 토지매매는 엄격히 금지되어 있으며, 지파 안에서 부득이하게 매매되었던 땅도 희년(6년 동안 땅을 경작하고 7년째 휴지하는 안식년을 7회 보낸 후 50년을 맞이하는 해)이 되면 다시 소속되었던 가문으로 되돌려주어야 한다. 예를 들면, 므낫세 지파에 속한 슬로브핫은 아들이 없고 딸만 다섯으로, 모세는 그들이 소속된 지파 안에서만 자유롭게 결혼하도록 허락하므로, 분배된 땅이 다른 지파로 옮겨가지 않도록 한다.(민 36장)

랍니다."룻1:16-17

보리 추수할 시기에 고향으로 돌아온 두 미망인은 며느리 룻이 이삭
줍기를 해서 생활한다. 우연히 들어가서 이삭줍기를 한 밭은 보아스에
게 속한 땅으로, 보아스는 가계를 상속할 자식이 없이 과부로 남겨진 나
오미와 룻을 보호해야 하는 법적 책임과 의무를 가진 유력한 친척이기도
하다. 룻은 보리와 밀 추수가 끝날 때까지 그의 밭에서 이삭줍기를 허락
받는다. 보아스가 룻에게 베푼 은혜는 그녀의 신실한 행실에서 비롯되었
음을 성서저자는 보아스의 룻을 향한 칭찬을 통해 암시한다. 룻이 남편
이 죽은 후에도 변함없이 지속적으로 시어머니에게 행한 헤세드 사랑은
이미 남편의 고향 베들레헴에 소문이 난 것이다.룻2:11-12 나오미는 보아
스가 자신들에게 헤세드를 보여주고 있음을 확인하고 그를 위해 기도한
다: "그분이 주님께 복 받기 원합니다. 살아있는 자들과 죽은 자들을 위
해 그의 헤세드를 베푸는 것을 잊지 않았습니다."룻2:20a 보아스는 친척으
로서 남편을 잃고 귀향한 미망인들을 긍휼히 여기므로 헤세드를 실천하
는 것이다. 나오미는 보아스와 룻의 만남을 주시하고 때를 기다려 며느
리에게 용기 있는 결단을 내리도록 안내한다. 룻은 전혀 주저함 없이 시
어머니의 제안에 순종한다. 당시 사회적 관습으로 여인에게 출입이 금지
된 타작마당에 머무는 보아스의 잠자리를 방문하는 일이다! 비밀스럽고
위험하기까지 한 룻의 행동에 대해 보아스는 오히려 위로하며 격려한다.

내 딸아, 주님께서 네게 복 주시길 원한다.
가난하든 부자이든 네가 젊은 남자를 따라가지 않았으니,
이 나중에 행한 너의 깊은 마음헤세드이 처음보다 더욱 아름답구나.
내 딸아, 이제 두려워하지 마라. 네가 말한 모든 것을 내가 네게 행할

것이다.

네가 능력 있는 여인이라는 것을 나의 성읍 백성이 모두 알고 있단다. 룻3:10

보아스는 룻이 육체적 욕망을 따라 살지 않고 변함없이 신실하게 죽은 남편의 가정을 지키려고 선택한 행동에 대해 헤세드를 실천하고 있다고 찬사를 보내고 있는 것이다. 무엇보다도 지금까지 시댁에 보여준 룻의 헤세드는 실천 가능한 것이었다 할지라도, 자신의 젊음과 욕망, 미래를 포기해야 하는 결단은 쉬운 일이 아니기 때문이다. 보아스는 기꺼이 친족으로서의 책임과 의무를 감당하기 위해 법적 절차를 수행하므로 나오미와 룻의 보호자가 된다. 한 여인의 지혜로운 선택과 행동이 죽은 자와 산 자 모두에게 생명을 준 것이다. 룻은 보아스에게서 아들 오벳을 낳아 시어머니 품에 안겨준다. 여인들은 나오미에게 "당신을 사랑한 며느리는 일곱 아들보다 더 훌륭합니다"라고 찬사를 보낸다. 룻4:15 오벳은 훗날 이스라엘 역사에서 가장 훌륭한 왕 중 한 사람인 다윗의 할아버지다. 그리고 다윗 가문에서 예수가 태어난다. 한 여인이 자신의 삶을 통해 보여준 헤세드는 이 땅에 메시아의 오심을 품은 땅 베들레헴에서 그렇게 아름다운 꽃을 피운 것이다.

우리는 현명한 두 미망인의 짧은 이야기에서 하나님께서 어떻게 한 평범한 가정을 통해 일하시는지를 경험한다. 룻기의 주체는 시어머니 나오미와 며느리 룻이다. 이들은 부를 소유한 명성 있는 가문의 여인들도 아니고 오히려 룻은 모압 사람이다. 요르단 강과 사해를 경계로 고대 이스라엘 땅 가나안과 접경을 이루었던 모압은 때로 이스라엘과 친교를 나누기도 했지만왕상11:1-3, 주로 적대관계였으며 모압 종교와 문화는 매우 부정적으로 평가되며 그것을 따르는 것을 금지하고 있다. 민25장; 삼하8:1-

2; 왕하23:13; 사16장; 렘48장 신명기 법에서는 모압 사람과 암몬 사람은 주 하나님의 총회에 들어오는 것을 금지하고 있다.신23:3-6 그들은 이집트에서 해방된 이스라엘 공동체가 그들이 사는 지역을 통과할 때, 먹을 것과 마실 것을 공급하지도 않았고 오히려 저주했기 때문이다.참조, 민22-24장 하지만, 룻기는 이방 여인이 실천한 헤세드를 통해 모든 민족과 국가를 초월하여 일하시는 하나님의 주권적인 인도 하심을 보여준다.

하나님은 어떤 꿈으로 현몽하신 것도 아니고, 환상으로 보여주신 것도 아니고, 예언자를 통해 선포하신 것도 아니고, 사자에게 메시지를 보내신 것도 아니고, 그렇다고 하나님이 직접 말씀하시지도 않고… 순수하고 진실한 여인의 일상적인 생활에서 하나님의 숨겨진 사랑과 은혜를 드러내신다. 그렇게 감추어진 하나님 사랑은 늙은 시어머니를 부양하는 며느리의 헤세드 안에서 완성된다. 비록 남편은 자신과 사랑을 이어줄 자식 하나 남기지 못하고 죽었지만, 룻은 시어머니와의 신실한 관계 안에서 죽은 남편의 가문을 살려낸 것이다. 젊은 여인 룻의 고귀한 헌신과 희생을 통해 보여준 헤세드와 친족으로서 책임과 의무를 감당한 늙은 보아스의 긍휼히 여기는 마음으로 실천된 헤세드가 하나님 역사의 섭리를 이루는 예수의 족보를 만든 것이다.

친구의 신뢰와 우정

친구관계에서 헤세드를 통해 신의를 보여준 대표적인 예는 단연 요나단과 다윗의 우정이다. 아직 왕조국가의 기틀을 세워가고 있을 즈음, 이스라엘 초대 왕 사울은 용감하고 능력 있는 청년 다윗을 경계하게 된다. 사울은 다윗을 자연스럽게 제거하기 위해 사위로 맞아들이기 원하지만, 다윗은 신분차이와 가난을 거론하며 사울의 제안을 거절한다. 블레셋 사람들을 통해 다윗을 죽이기로 계획한 사울은 왕의 사위가 되는 조건으로, 왕의 원수를 보복하는 사명이라 말하며 블레셋 사람 표피 백 개를 가져오게 한다. 다윗이 전장에서 전사하기를 기대하며 제안한 조건이지만, 다윗은 오히려 크게 승리하고 제시한 조건을 충족시키므로 왕의 사위가 된다. 용맹스럽고 지혜로운 다윗은 명성을 얻게 되고, 사울은 더욱 다윗을 두려워하므로 결국 아들 요나단과 심복들에게 다윗을 죽이도록 명령한다.

요나단은 다윗을 매우 좋아했으므로 다윗을 피신시켜 보호하고 앞일을 계획하게 되는데, 이 두 사람의 우정이 헤세드 안에서 확인된다. 다윗은 사울이 자신을 죽이기로 한 것을 알고 요나단에게 자기 생명을 위해 헤세드를 베풀어주기를 간청한다. 하나님 앞에서 두 사람이 서로 해치지 않기로 맹세한 것을 헤세드로 지켜달라는 요구다: "그러므로 당신의 종에게 헤세드를 행하십시오. 당신이 당신의 종에게 주님 앞에서 언약을 맺게 했기 때문입니다."삼상20:8a 요나단은 이미 하나님께서 사울의 권력과 지도력을 다윗에게 돌리셨음을 알고, 훗날 다윗이 지도자가 되었을 때 자신에게 주님의 헤세드로 자비를 베풀어줄 것과 그의 후손들에게까지 지속적으로 그 은혜가 유효하게 해달라고 요구한다.

> 너는 내가 사는 날 동안 나에게 주님의 자비헤세드를 베풀어서 나를 죽지 않게 하고,
> 주님께서 너 다윗의 원수들을 땅 위에서 남김없이 끊어버린 때도,
> 너의 의리헤세드를 내 집안에서 영원히 끊어지지 않게 해다오.삼상20:14-15

두 사람의 약속은 집안과 집안을 대표하는 맹세로서, 이는 요나단의

다윗을 향한 신뢰와 사랑을 바탕으로 이루어진다. 친구를 존중하고 아끼는 마음을 "자신의 생명처럼 요나단이 다윗을 사랑했다"고 성서는 기록한다.삼상20:17 사울과 요나단이 블레셋과의 전투에서 전사한 후, 조가를 지어 헌정한 다윗 역시 두 사람의 우정이 이성 간의 사랑보다 더욱 아름다웠노라고 추억한다.삼하1:26

약속대로 두 사람은 헤세드를 실천한다. 요나단은 아버지 사울에게서 다윗이 안전하게 피신하도록 도와준다. 헤어지면서 요나단은 다윗에게 용기를 북돋아 준다: "평안히 가라, 우리 두 사람이 주님의 이름으로 맹세한 것처럼 주님께서 나와 너 사이에, 나의 후손과 너의 후손 사이에 영원히 계실 것이다."삼상20:42 이 약속대로 다윗은 통일왕조를 이루고 왕위를 굳건히 한 후, 사울 집안의 형편을 점검한다. 아직 사울 가문에 남은 자가 있다면 요나단과 약속한 대로 헤세드를 베풀기 위해서다. 요나단의 아들 중에서 장애가 있는 므비보셋이 살아있음을 확인한 다윗은 그를 불러 왕의 식탁에 참여하는 은혜를 베풀어 왕자들처럼 예우한다.

> 다윗이 말했습니다. "아직 사울 가문에 살아남은 사람이 있느냐? 내가 요나단으로 인해 그에게 은혜헤세드를 베풀 것이다." …
> 왕이 말씀하셨습니다. "사울 가문에 남은 사람이 없느냐? 내가 그에게 하나님의 은총헤세드을 베풀 것이다." …
> 다윗이 므비모셋에게 말했습니다. "두려워하지 마라 네 아버지 요나단으로 인해 내가 반드시 너에게 긍휼헤세드을 베풀 것이다. 내가 네 할아버지 사울의 모든 밭을 너에게 되돌려주고 너는 항상 내 식탁에서 먹을 것이다."삼하9:1,3,7

또한, 사울에게 속했던 재산과 종들을 되돌려주고 므비보셋 집안을 돌보게 한다. 다윗은 압살롬의 반역을 피해 도망갔다 귀성했을 때도, 자신과 동행하지 않았던 므비보셋을 크게 벌하지 않고 관대하게 대한다. 물론 장애인이었던 므비보셋이 어떻게 종에게 따돌림을 당했는지 듣게 되었고, 또한 다윗이 성안에 없는 동안 그가 어떻게 충절을 지켰는지 므비보셋의 외모가 증거 했을 터이지만, 다윗은 자신의 약속을 잊지 않는다. 헤세드로 지켜진 우정은 죽은 자와 산 자 사이에, 또한 후손들과의 관계에서 영원히 지속한다.

고난의 때에 보여준 신하들의 신의와 충정

여러 부인을 통해 자녀를 가진 다윗은 인생 후반기에 자식들 때문에 크고 작은 어려움을 경험한다. 가장 견디기 어려웠을 사건이라고 볼 수 있는 아들 압살롬의 쿠데타는 다윗의 삶을 바라보는 주변 사람들의 평가를 보여준다. 다윗을 비난하는 사람들이 있는가 하면, 헤세드의 신의와 충정을 지지키는 사람들이 있다. 그의 주인 사울을 섬겼듯이 요나단의 아들 므비모셋 집안을 돌보도록 다윗에게 부탁받은 사울의 종 시바는 이 기회에 망명길에 오른 다윗에게 거짓을 고하며 물질을 제공하므로 주인의 전 재산을 손에 넣는다. 나중에 사실을 안 다윗이 이미 시바에게 약속했으므로, 므비보셋에게 재산을 반절 되돌릴 것을 명령하지만, 므비보셋은 왕이 평안히 돌아온 것으로 충분하다며 재산을 포기한다. 사울의 친족 중 시므이는 다윗의 도망가는 길을 따르며 돌을 던지고 먼지를 피우며 저주한다. 하지만, 다윗은 주님께서 시므이를 통해 자신을 저주하는 것으로 받아들이고 반응하지 않는다. 다윗이 환궁 길에 올랐을 때, 사울 가문이 속해있는 베냐민 지파의 많은 백성과 더불어 시므이는 자신의 저주에 대한 용서를 빌고 다윗은 이제 사울 가문과 악연을 만들지 않고 용서한다. 하지만, 죽음을 앞두고 아들 솔로몬에게 시므이에게 복수해 달라고 유언한다. 압살롬의 반역이 평정되고 남쪽을 대표하는 유다 지파와 북쪽을 대표하는 열 지파 사이에 다윗의 귀성과정을 놓고 갈등이 빚어진다. 혼란을 틈타 베냐민 지파에 속한 세바는 북쪽 사람들을 동요시켜 다윗을 향해 반역을 일으키고, 다윗과 충신들은 소동을 잠재우기까지 다시 곤욕을 치른다. 이들은 다윗의 고통에 어려움을 더한 사람들이다.

반면, 고난의 시기에 기꺼이 헤세드의 사랑으로 다윗에게 충성한 친구들과 신하들이 있다. 가드 사람 잇대, 아렉 사람 후새, 길르앗 사람 바르실래와 그 아들들이다. 다윗은 후새에게 성에 남아 압살롬과 모반의 꾀를 주도하고 있는 아히도벨의 계획을 무산시키도록 부탁한다. 후새는 마치 다윗을 배반하고 압살롬에게 귀의한 것처럼 위장한다. 이를 의심한 압살롬은 후새에게 묻는다: "이것이 네 친구를 위한 너의 신의헤세드냐? 왜 네 친구와 함께 가지 않았느냐?"삼하16:17 후새는 압살롬을 주님이 선택하신 사람이라고 추켜세우며 모든 이스라엘 백성과 함께 새 지도자 압살롬 곁에 있을 것이라고 대답한다. 압살롬은 헤세드의 행동양식이 무엇인지 알고 있고 그래서 후새의 배신을 비난했지만, 아버지 다윗에게 행했던 충성으로 자신을 섬기겠다는 신하를 받아들인다. 다윗과의 신뢰를 지키려고 후새는 기꺼이 생명의 위험을 무릅쓰고 헤세드의 충성을 보여준다. 결국, 다윗과 후새의 계획은 압살롬과 아히도벨의 계략을 무효화시킨다. 물론 성서저자는 인간사에서 펼쳐지는 모든 일이 야훼의 주권 안에 있음을 암시하지만, 한 신하가 목숨을 담보하고 실천한 헤세드의 결과가 무엇인지 우리에게 교훈한다.

어떻게 다윗과 친분관계에 있는지 자세한 설명은 없지만, 가드 사람 잇대는 다윗의 만류에도 불구하고 피난길에 그의 사람들과 함께 다윗을 수행한다. 다윗은 잇대에게 헤세드와 진리로 축복하며 자신에게서 떠나

가라고 요청하지만, 오히려 잇대는 사나 죽으나 다윗과 동행할 것을 맹세하며 충절을 지킨다.

> "너는 겨우 어제 왔는데 오늘 어찌 너를 우리와 함께 떠돌게 하겠느냐?
> 나는 그저 내가 가고자 하는 대로 가고 있으니, 네 형제와 네 백성을 데리고 돌아가라
> 은혜헤세드와 신실함이 함께 하기를 바란다." 그러나 잇대가 왕께 대답했습니다.
> "주께서 살아계심과 내 주 왕의 살아계심으로 말씀드립니다. 어디든지 내주 왕께서 계신 거기에 사나 죽으나 당신의 종도 함께 있겠습니다."삼하15:20-21

왕이 베푸는 헤세드는 지금 자신에게 필요한 것이 아니라, 왕에게 필요한 것임을 그는 알고 있기 때문이다. 바르실래 또한 팔십 노구에도 불구하고 왕의 피난길에 필요한 것들을 제공하고, 환궁할 때는 요단강을 함께 건너면서 영접한다. 다윗은 자신의 생전에 바르실래를 예우하기 위해 예루살렘으로 초청하지만, 노인은 욕심을 버리고 고향에서 조상과 함께 잠들기를 청한다. 솔로몬이 왕권을 물려받자 다윗은 바르실래의 아들들에게 헤세드를 베풀어 왕자들처럼 왕의 식탁에 참여하도록 대접하라고 유언한다.왕상2:7 고난의 시간에 다윗에게 헤세드 사랑을 보여준 소중한 사람들이다. 군신관계에서 헤세드는 이처럼 신의와 충성을 바탕으로 서로에 대한 존경과 사랑을 보여주는 행동양식으로 드러난다.

사울이 블레셋과의 길보아 산 전투에서 세 아들과 비참하게 전사한 후 시체마저 블레셋 사람들에 의해 모욕을 당하자, 길르앗 야베스의 용사

들은 밤새 사울과 그 아들들의 시체를 매달아 놓은 블레셋 땅으로 달려가서 시체를 가져다가 장사지내고 장례의식에 따라 이레 동안 금식한다. 다윗이 헤브론에서 유다 지파의 왕이 되어 다스릴 때 이 소식을 듣는다. 다윗은 사신들을 보내 길르앗 야베스 사람들을 칭찬하며, 다윗 자신도 길르앗 야베스 사람들의 충성심을 잊지 않고 군주로서 책임과 의무를 성실히 수행할 것을 서약한다.

> 여러분에게 주님의 복이 임하기를 바랍니다.
> 이처럼 충성스럽게헤세드 여러분의 주인 사울을 장사지냈기 때문입니다.
> 이제 주님께서 여러분에게 신실하심으로 자비헤세드를 베푸시기 바라며, 나도 이 선한 일을 여러분에게 행할 것입니다.
> 여러분이 이 일을 했기 때문입니다.
> 이제 여러분의 손을 강하게 하고 담대히 하십시오.
> 여러분의 주 사울은 죽었고,
> 유다 가문은 나에게 기름을 부어 그들의 왕으로 세웠습니다. 삼하2:5-7

하지만, 군신관계에서 헤세드는 때로 권력을 가진 자의 폭력으로 악용되어 불행한 결과를 가져오기도 한다. 사울의 사촌 동생으로 군사령관 아브넬은 사울 사후에 이스보셋이 왕이 되자 실권을 장악한다. 사울 왕의 후궁과 불륜관계까지 이르자 이스보셋은 아브넬의 불의를 지적한다. 자신의 잘못을 들추어내는 이스보셋에게 아브넬은 사울과 그 집안에 자신이 보여준 충성심헤세드에 대한 보답이 자신의 허물을 탓하는 것이냐며 이스보셋을 배반하고 헤브론에서 유다지파의 왕으로 통치하는 다윗에게 주권을 넘긴다. 삼하3:8 권력과 욕망이 결국 자신이 행했던 헤세드를 삼켜버린다.

또 다른 경우는 유다 왕 요아스의 사례다. 요아스는 일곱 살에 왕위에 올라 예루살렘에서 사십 년 동안 남 왕국 유다를 다스린다. 성서저자는 요아스가 대제사장 여호야다가 자문하는 모든 날 동안에는 정직하게 행했다고 증언한다. 여호야다가 죽은 후에 요아스는 신하들의 아첨에 현혹되어 주님의 전을 버리고 아세라 목상과 우상을 섬긴다. 하나님께서는 그를 돌아오게 하시려고 예언자를 보내 경고하지만, 듣지 않는다. 이에 아버지의 직임을 계승하여 제사장의 임무를 감당하는 여호야다의 아들 스가랴에게 하나님의 영이 임하여 주님의 명령을 전하니 오히려 그를 죽인다. 역대기 사가는 요아스가 자신에게 헤세드로 충성했던 스가랴의 아버지 여호야다가 베푼 은혜를 기억하지 아니하고 그의 아들을 죽였다고 기록한다. 대하24:22 한 신하의 충의헤세드가 성군을 만들지만, 많은 무리의 아첨이 신하의 이름으로 폭군을 만든다.

손님에게 베푼 호의와 보답: 롯과 사자들

자기 집을 방문한 손님을 성실하게 접대할 때 헤세드는 후하게 혹은 선하게 상대를 예우하는 의미로 쓰인다. 소돔과 고모라 사건에서 우리는 롯을 방문한 사자들의 이야기를 듣는다. 당시 소돔과 고모라의 죄악으로 말미암은 소요가 하늘에 닿아 하나님은 그 지역을 멸망시키기로 하시고 사자들을 보내신다. 롯은 성문에 나갔다가 사자들을 만났고 그들을 친절하게 대접한다. 고대 이스라엘사회에서 성문은 광장이 있는 곳으로 성읍 공동체의 공적인 공간이다. 공동체 집회를 소집하는 곳이며, 어떤 사건의 공적인 증인이 필요할 때 합의를 보는 곳이고, 법률에 따라 판결을 진행하는 법정이다. 어떤 일의 계약을 체결하는 곳이며, 상업적인 거

래가 이루어지는 곳이다. 원주민들과 지역을 통과하는 낯선 사람들이 세
상살이를 나누는 곳이기도 하다. 성문광장은 이웃들과 또한 바깥세상과
소통의 장소이다.

저녁때가 이르러 롯은 아마도 하루일과를 마치고 광장에 나가 쉬고 있
었을 것이다. 사자들을 만난 롯은 정중하게 그들을 집으로 초대하고 음
식을 제공한다. 또한, 책임 있게 자신의 손님들을 그 지역 사람들의 악한
행위로부터 보호한다. 롯으로부터 후한 대접을 받은 사자들은 그곳을
멸망시키려고 하나님이 보낸 자들임을 밝힌다. 사자들은 롯에게 헤세드
보답을 베풀어 롯과 그 가족을 구원한다. 새벽이 밝아오고 재앙이 도시
를 삼키려 할 즈음, 사자들은 재촉하여 롯과 그의 가족들을 성 밖으로 피
신시키고 산으로 도망할 것을 권유한다. 하지만, 재앙이 자신을 덮칠까
봐 겁에 질린 롯은 사자들이 자신의 생명을 살리는 큰 은혜를 베풀었으
나 산으로 도망갈 용기가 없다고 고백한다.

> 보십시오, 주의 종이 주님 앞에서 은혜를 입었고 주님의 인애헤세드
> 를 저에게 크게 베풀어 주셔서 내 생명을 구원해주셨는데, 나는 그 산
> 으로 도망갈 수가 없습니다. 재앙이 나를 덮쳐 죽을까 두렵습니다.창
> 19:19

근처에 작은 성읍으로 피하도록 도움을 받은 롯은 결국 아내를 잃고
두 딸과 소알 성읍에 피신했다가 산으로 올라가 굴에 거주하므로 안전
을 도모한다. 롯에게는 부지중에 성을 방문한 손님들을 영접한 일이지
만, 그가 생명의 위험에 노출되었을 때 헤세드로 보상받은 것이다. 사자
들이 롯에게 보여준 헤세드는 죽음에서 생명을 구원해준 사랑이다. 하지
만, 단순히 롯이 사자들에게 베푼 호의가 이 헤세드로 보답 받게 한 것이

아님을 성서는 암시한다. 아브라함을 향한 하나님 사랑이 그의 조카에게
까지 이르게 한 것이다: "하나님께서 그 골짜기의 도시들을 멸하실 때 곧
롯이 거주하고 있는 성읍들을 뒤집어엎으실 때, 하나님이 아브라함을 기
억하시고 롯을 뒤엎어버리는 한가운데서 내보내셨습니다."창19:29 큰아버
지의 신실함이 조카에게 헤세드 바람을 불러 생명을 구한 것이다.

손님에게 베푼 호의와 보답: 아비멜렉과 아브라함

아브라함이 가나안 땅에 들어가 나그네 삶을 사는 동안 일어난 사건
들을 소개하고 있는 창세기 본문 중에 브엘세바에 머물렀던 이야기가 있
다.창21:22-34; 22:19 블레셋 지역 그랄 왕 아비멜렉은 하나님께서 언제나
아브라함과 함께하신다는 것을 알고 그에게 서로 화친조약을 맺자고 제
안한다. 자신이 나그네 아브라함을 후하게 대접한 것처럼 아브라함도 자
신과 자기 후손들에게 똑같은 친절을 베풀어달라는 요청이다. 앞으로 아
브라함이 강성하면 자기 민족에게 위협이 될 수 있음을 염두에 둔 조약
체결이다. 계약은 반드시 지켜야 하는 약속으로 만약 파기하면 그 사람
은 계약에 명시된 대로 저주를 받기 때문이다.

> 그때에 아비멜렉과 그 군대장관 비골이 아브라함에게 말했습니다.
> "그대가 행하는 모든 일에 하나님이 함께하시는 것을 알았소. 그러니
> 이제 여기서 하나님으로 인해 나에게 맹세하시오. 나와 내 자녀들, 내
> 후손들에게 거짓으로 행하지 말고, 내가 그대를 후하게 대접헤세드했
> 듯이 그대도 그대가 나그네로 머무는 이 땅에서 나에게 그렇게 행하
> 는 것을 보여주시오."창21:22-23

아비멜렉은 헤세드를 베푸는 것이 무엇인지 이미 사라와 아브라함의 남매관계 사건을 통해 경험한다.창20 하나님께서 꿈으로 현몽하여 사라와 아브라함은 물론, 자신도 범죄 하지 않도록 지켜주셨기 때문이다. 하나님은 아브라함을 그들에게 예언자로 세우셨고, 아비멜렉은 아브라함을 어떻게 예우해야 하는지 누구보다 잘 알고 있다. 이참에 아브라함도 아비멜렉에게 그의 종들과의 우물분쟁 사건을 책망하며 서로 간에 평화롭게 공존할 것을 약속한다. 아브라함은 물론 훗날 그 후손들에게 중요한 예배처소로서 전통을 갖게 된 브엘세바, "맹세의 우물"이 그 증거다. 하나님의 사람을 알아보고 친절하게 접대하므로 평화로운 공존을 이끌어낸 아비멜렉의 지혜로운 헤세드 실천이다.

손님에게 베푼 호의와 보답: 라합과 정탐꾼들

사십 년 광야의 시련이 끝나고 마침내 약속의 땅을 향한 대장정이 이루어지면서 이집트에서 해방된 하나님 백성은 삶의 또 다른 국면을 맞이하게 된다. 모세로부터 지도력을 물려받은 여호수아는 하나님으로부터 약속의 말씀을 확인하고 약속의 땅 가나안 정복에 나선다. 아직 모압평야 싯딤에서 여호수아는 정복전쟁을 시작하기 전에 요르단 강을 건너가서 여리고와 주변 지역을 살피고 오도록 두 정탐꾼을 파견한다. 정탐꾼들은 여리고에서 기생 라합이 운영하는 숙소에 머물면서 그녀의 지혜와 도움으로 붙잡힐 위기를 넘긴다. 또한, 이스라엘을 이집트에서 해방하시고 인도하시는 주 하나님의 역사를 아는 라합을 통해 상세하게 지역소식을 듣는다. 그리고 라합은 정탐꾼들에게 헤세드로 언약을 맺으라고 요구한다. 라합은 이미 이스라엘과 가나안 땅에 거주하는 민족들과는 적대관계인 것을 알기에 불확실한 미래를 헤세드 언약으로 보장받으려는 것이다.

> "이제, 내가 당신들을 선하게 대접해세드했듯이, 당신들도 내 아버지
> 집에 은혜해세드를 베풀어 주겠다고 주 하나님으로 인해 맹세하십시
> 오. 그리고 그것을 지키겠다는 확실한 증표를 내게 주십시오. 또한,
> 나의 부모님과 나의 형제자매들과 그들에게 속한 모든 사람을 살려
> 주시고 죽음에서 우리의 생명을 구해주십시오." 정탐꾼들이 그녀에게
> 말했습니다. "그대가 우리의 이 일을 발설하지 아니하면, 우리의 생명
> 을 걸고 약속한 것을 지키겠소. 주님께서 이 땅을 우리에게 주실 때,
> 우리가 친절해세드과 진실함으로 그대를 대하겠소." 수2:12-14

목숨을 담보한 헤세드 약속이다. 라합은 자신이 헤세드의 사랑으로 정
탐꾼들의 목숨을 구해주었으니, 이스라엘이 그 땅을 차지할 때 자신과
자기 혈육들의 목숨을 구원하라고 요청한 것이다. 라합은 스스로 고백
하듯이 이미 주님께서 어떻게 이스라엘을 사랑하시고 보호하시며 인도
하시는지 잘 알고 있었다. 또한, 가나안 땅을 하나님 백성에게 넘겨주실
것을 확신하고 있었기에, 정탐꾼들에게 호의를 베풀고 때가 이르면 자신
에게 보답해 달라고 요구한 것이다. 여리고 성이 무너지던 날, 그녀가 베
푼 헤세드는 똑같은 헤세드로 돌려받는다. 자신의 집을 방문한 사람들
의 생명을 구해주었듯이, 라합과 그녀의 부모, 형제자매, 친척 모두가 죽
음의 소용돌이에서 생명을 보존한다. 비밀리에 방문한 귀인들을 신뢰하
고 접대한 한 사람의 은혜가 가족과 가문에 속한 모두를 살려내는 헤세
드 구원으로 보상받은 것이다.

우연한 만남으로 생명을 구한 은혜

친밀한 관계에 있는 가족, 친지, 친구, 주인과 손님, 왕과 신하 등, 서로가 잘 아는 관계 안에서 헤세드 사랑을 주고받은 것과는 달리, 우연한 만남을 통해 전혀 상대방을 알지 못해도 헤세드를 요구하거나 보여주는 사건들이 있다. 이러면 헤세드는 변함없이 지속적인 사랑을 의미하기보다는 예기치 않은 상황에서 신실하게 상대방을 믿고 예우하므로 위기를 극복하는 결과를 가져온다. 헤세드 어휘 자체가 신뢰를 바탕으로 이루어지는 어떤 행동양식에 대한 기대감을 의미하기 때문에, 헤세드를 보여주도록 요구받는 사람은 요구하는 사람에 대하여 똑같은 신뢰를 할 수 있다. 따라서 우연한 만남에서 헤세드 도움을 요청하고 베푸는 것은 서로 믿음으로 예우하는 것이다.

우연한 만남에서 이루어진 헤세드 보상은 사사기에 나온다. 여호수아가 세 단계에 걸쳐 대대적인 가나안 정복전쟁을 마치고 각 지파들에게 땅을 분배한 후에도 이스라엘 백성의 약속의 땅 쟁탈전은 간헐적으로 계속되었음을 우리는 사사기를 통해 알 수 있다. 사사기 서문은 여호수아가 죽은 후 이스라엘 자손들이 계속해서 가나안 원주민들과 전쟁을 치르는 사건과 정복하지 못한 민족들을 소개하는 것으로 시작된다. 요셉 가문에 속한 에브라임과 므낫세 지파가 벧엘을 정복할 때, 그 성에 살고 있던 한 사람은 우연히 만난 정복자들의 요구를 들어주고 헤세드를 보상받는다. 성을 공격하기 전 성읍의 상황을 살피려고 정탐꾼들을 보내는데, 때마침 성에서 나오는 한 사람을 붙들고 성 출입문의 위치를 가르쳐주면 보상으로 헤세드를 행하겠다고 정탐꾼들은 약속한다.

그 지켜보고 있던 사람들이 한 사람이 그 성에서 나오는 것을 보고 그에게 말했습니다. "제발 부탁이니, 우리에게 성 안으로 들어가는 문을

보여주시오. 그러면 그대에게 은혜헤세드를 베풀겠소."삿1:24

그 사람은 주저 없이 성읍 출입문을 가르쳐주고 자신과 가족들이 구원
받는다. 전혀 모르는 사람들이 제안한 헤세드 약속이지만, 이 성읍 사람
은 거주지가 점령당하면 어떤 상황이 벌어질지 미래를 보고 있다. 계속
된 정복전쟁 속에서 가나안 대부분이 점령당했고 전쟁은 계속되고 있기
때문이다. 또한, 언약공동체에게 전쟁은 정복한 지역의 모든 것을 정결
하게 하고 거룩하게 하나님께 헌정하는 싸움이기 때문에, 어느 한 지역
을 점령하면 사람을 비롯하여 생명을 가진 모든 생물을 멸절하였다. 이
성읍 사람은 이미 점령당한 지역에서 일어난 일들을 소문으로 알고 있
었을 것이다. 따라서 정탐꾼들이 출입문을 알려달라고 요청했을 때, 주
저 없이 행동했을 것이다. 정탐꾼들이 제안한 헤세드는 죽음을 면제받
는 생명 구원이기 때문이다. 약속을 믿고 그들의 요구를 받아들인 이 성
읍 거주민은 성 안의 모든 생명이 진멸당하는 상황에서 자유를 보장받는
다. 그리고 헷 사람들이 사는 곳에 가서 성읍을 건축하고 루스라 이름하
여 살았다고 성서저자는 기록한다. 우리가 야곱의 젊은 시절 삶의 한 부
분을 통해 들었듯이 벧엘은 루스라는 지역으로, 야곱이 그곳에서 하룻밤
을 묵으며 하나님을 경험한 후에 "하나님의 집"이란 의미의 벧엘로 지명
을 바꿔 부른 것을 알 수 있다.창28:19 우연히 만난 사람들이 요청한 도움
을 외면하지 않은 것에 대한 헤세드 보상은 자신은 물론 온 가족을 구원
하는 생명길이 된다. 사람이 사람을 신뢰하는 것만큼 최고의 예절이 있
을까!

이방인이 베풀어준 은혜: 에스라

하나님 백성이 자신들의 정체성을 상실하고 야훼를 떠났을 때, 그들은 다른 민족의 억압을 받게 된다. 그러나 포로생활 중에도 순수성을 잃지 않고 하나님 앞과 사람 앞에 신실한 사람들이 있다. 이들은 어떤 환경에서도 주변 사람들로부터 존중받으며 보호받는다.

아론의 직계자손으로 제사장이며 서기관이고 토라 학자인 에스라는 포로 후기 기원전 5세기 말, 4세기 초 예루살렘 귀환공동체의 영적 지도자로서 민족을 이끈다. 에스라는 예루살렘에 돌아올 수 있었던 것은 주님께서 페르시아 왕과 신하들이 자신에게 헤세드를 베풀게 하셨기 때문이라고 하나님을 찬양한다. 야훼 하나님은 다른 신을 섬기며 이스라엘을 통치하고 있는 이방 민족 왕을 도구로 사용하셔서 에스라에게 은혜를 베풀게 하시므로 그의 사명을 감당하게 하신다.

> 우리 조상의 하나님 야훼를 송축합니다.
> 주님께서 왕의 마음에 예루살렘에 있는 주님의 집성전을 아름답게 할 뜻을 두셔서 나에게 왕과 그의 보좌관들과 권세 있는 모든 왕의 신하들 앞에서 은총헤세드을 얻게 하셨습니다. 내 하나님 주의 손이 내 위에 있어 내가 힘을 얻고 이스라엘의 지도자들을 모아 나와 함께 올라오게 했습니다. 스7:28

대적들과 강도들의 습격 위험을 감수하며 귀환 길에 오른 에스라와 일행들은 금식하며 평탄한 길을 허락해주시기를 간구한다. 에스라의 고백처럼, 일행들은 "하나님의 선한 손길의 도우심을 입어" 넉 달 동안의 긴 여정을 거쳐 안전하게 예루살렘에 도착한다. 하지만, 예루살렘의 환경은 주 하나님 앞에서 거룩한 백성으로 사는데 많은 유혹이 있다. 그 땅에는 여전히 여러 민족이 각자의 신을 섬기며 가증한 풍속을 따라 살고 있었기 때문이다. 족보 속에서나 알고 있는 조상에게 약속하셔서 후손들에게 기업으로 주신 땅, 원주민들의 가증한 풍속으로 더럽혀진 땅, 그래서 선택된 하나님 백성이 창조주 하나님을 경외하며 그 말씀을 따라 살므로 오염된 땅을 치유하고 영원한 유산으로 세대 세대에게 물려주어야 하는 땅, 그런데 하나님을 떠나 악을 행하고 범죄 하므로 멸망하고 쫓겨났던 땅, 이제 하나님이 이방인을 통해 베푸신 은혜로 소수의 남은 자들만이 다시 돌아온 땅이다.

이제 에스라는 "주님의 말씀을 연구하여 실천하며, 법령과 규례를 이스라엘에게 가르치기로 마음을 정한" 후 남은 자들에게 하나님의 백성으로서 정체성을 일깨우는 일에 전념한다.스7:10 하지만, 에스라는 백성은 물론이고, 제사장들과 지도자들이 앞서서 그 땅에 거주하고 있는 이방족속들의 가증한 풍속을 따르고 서로 통혼한다는 소식을 접한다. 이에 에스라는 망연자실하여 겉옷과 속옷을 찢고 머리털과 수염을 뽑으며 분노하고 부르짖는다. 하나님 앞에 민족을 대표하여 회개 기도를 드리는 에스라의 고백 속에는, 하나님의 인도하심이 어떻게 이방인들로 하여금 자신들에게 은혜를 베풀게 하셔서 오늘을 살게 하시는지에 대한 동일한 고백이 반복된다. 하나님이 이방 왕을 통해 헤세드를 베풀게 하셔서 이스라엘이 은혜를 입고 소생했는데, 또다시 주님의 계명을 버렸으니 무슨 말을 할 수 있겠느냐는 처절한 절규다.

우리가 아직 종으로 있을 때, 우리 하나님이 우리를 종살이하도록 버려두지 않으시고 페르시아 왕 앞에서 은총헤세드을 얻게 하셔서 우리에게 소생함을 허락하시고, 하나님의 집을 세우고 무너진 곳을 보수하게 하시며, 유다와 예루살렘에서 우리에게 울타리로 보호벽을 주셨습니다. 이렇게 하신 후에도 우리가 주님의 계명들을 버렸으니, 우리 하나님이여 우리가 이제 무슨 말을 할 수 있겠습니까. 스9:9-10

이스라엘의 악한 행실과 큰 죄에도 불구하고 이방인의 헤세드를 통해 살길을 허락하셔서 현재의 백성을 남겨두신 하나님 은혜 앞에서 이제 감히 어떤 누구도 설 수 없음을 에스라는 고백한다. 에스라가 성전 앞에서 엎드려 울며 기도하며 죄를 자백할 그때에, 이스라엘 사람도 남자와 여자, 어린이들까지 많은 무리가 에스라 주변에 모여 함께 울면서 하나님의 토라를 따르겠다고 고백한다. 하나님의 명령을 감히 두려움으로 실행하는 에스라의 가르침을 따르겠으니 개혁을 추진하라는 것이다. 성전에서 물러 나와서도 식음을 전폐하고 울며 밤을 지새운 에스라는 언약공동체를 재정비하기로 결단한다. 엘람 자손 스가냐의 도움으로 이방인과 결혼한 모든 이스라엘 자손들이 돌아와서 다시 하나님 앞에서 언약을 세우고, 토라를 따르며 그대로 행할 것을 선포한다. 이방 여인들과 결혼한 사람들의 명단을 조사하고 제사장들에게 이혼을 강요하므로, 토라의 교훈과 명령 안에서 이스라엘 공동체가 건강한 하나님의 백성으로 거듭나기를 노력한다. 스10 에스라는 선조로부터 한결같이 지속하여 하나님 헤세드 사랑과 은혜로 사로잡혔던 자 중에 남은 이들의 사명이 무엇인지를 잘 알고 있기 때문이다.

이방인이 베풀어준 은혜: 다니엘

바빌로니아 포로생활을 하는 동안 신앙의 열정과 순수성뿐 아니라, 물리적인 생활에서도 순결하게 자신을 지킨 용기 있는 사람들로서 성경에 소개된 인물은 다니엘과 세 친구 하나냐사드락, 미사엘메삭, 아사랴아벳느

고가 있다. 기원전 612년 앗시리아를 멸망시키고, 605년 갈그미스 전투에서 이집트에 승리한 바빌로니아는 당시 근동지역 지배세력의 최강자로 군림하게 된다. 여호야긴혹은 여고냐, 고니야로도 불림, 참조 예레미야22:24이 유다 왕위를 이어받자 바빌로니아 왕 느브갓네살은 예루살렘을 포위하고 침공을 시도한다. 여호야긴은 스스로 이방 민족의 왕 앞에 나가 항복하고 느브갓네살은 여호야긴을 폐위시키고 그의 삼촌 맛다니야의 이름을 시드기야로 개명하여 유다 왕으로 추대하니 유다는 바빌로니아의 속국이 된다. 갈대아인들은 폐위시킨 여호야긴을 비롯하여 왕의 모후와 왕비들, 시종들, 환관들, 많은 장인과 기능공들, 빼어난 용사들을 사로잡아간다.기원전 597년, 참조, 왕하24:8-17=대하36:9-10 1차 포로송환 후 시드기야 통치 9년째 다시 시작된 바빌로니아의 예루살렘 침공은 결국 587년 예루살렘 성전과 왕궁, 성읍의 주요 시설들을 불태우고 파괴하므로 막을 내린다. 멸망한 유다 민족은 포로로 사로잡혀간다.

바빌로니아 왕은 포로 중에 용모가 준수하고 지혜로운 청년들을 선출하여 교육을 하고 왕궁에서 일할 수 있는 인재를 만들 것을 내시 사무장에게 명령한다. 교육기간은 삼 년으로 모든 필요한 물품은 왕궁에서 제공하는 대로 따라야 한다. 훈련생으로 선출된 유다 자손 중 다니엘은 교육받는 동안 하나님 앞에서 자신의 순수성을 지키기로 한다. 바빌로니아 왕이 제공하는 음식을 거부하고 정결한 것과 부정한 것을 분명히 밝히는 레위기법의 식단을 고수하기로 한 것이다. 이는 포로가 아닌 자국민으로서도 불가능한 일이다. 고대 근동지역의 질서는 왕의 명령은 곧 실정법으로 효력을 가지기 때문이다. 하지만, 다니엘은 용감하게 내시 사무장에게 자신의 요구를 말하고 하나님께서는 내시 사무장의 마음을 주관하셔서 그가 다니엘에게 헤세드를 베풀게 하신다.

다니엘은 왕이 택한 기름진 음식과 왕이 마시는 포도주로 자기 자신을 더럽히지 않겠다고 마음에 결단하고 내시 사무장에게 자기 자신을 더럽히지 않게 해달라고 부탁했습니다. 하나님은 다니엘에게 내시 사무장이 은혜헤세드와 긍휼을 베풀도록 하셨습니다. 단1:8-9

이미 다니엘의 마음을 아시는 하나님은 바빌로니아 왕궁 내시 사무장으로 하여금 다니엘의 정직함과 성실함을 보게 하시고 그를 긍휼히 여겨 은혜를 베풀게 하신 것이다. 예레미야 예언자를 통해 하나님은 이미 유다 자손들에게, 지금은 비록 그들이 토라를 떠나 하나님께 반역하므로 포로생활을 감수해야 하지만, 반드시 그들 조상에게 준 땅으로 다시 돌아오게 하실 것을 약속하신다. 렘16:15, 29:10 또한, 포로로 사로잡혀간 이방 땅에서도 하나님은 그들과 함께하신다. 다니엘은 비록 이방 민족의 왕을 섬기고 있지만, 하나님이 변함없이 지속적인 사랑으로 자신을 지켜주시듯, 자신도 스스로를 정결하게 지키므로 하나님을 사랑한다. 훗날 유대공동체가 그리스의 지배체재 아래서 하나님의 성전에 이방 신상들을 배치하고 절하도록 강요받을 때, 다니엘의 삶은 그 시대의 본보기가 된다.[12] 다니엘과 세 친구가 종교탄압 속에서 지켜낸 신앙의 순수성과

---

12) 다니엘서의 구조와 내용은 크게 두 부분으로 나누어진다. 1-6장은 다니엘과 세 친구들이 다른 민족의 억압가운데 어떻게 야훼 하나님을 향한 신앙절개를 지켰는가에 대한 내용이고, 7-12장은 환상들을 통해서 당시 그리스의 유대 종교탄압과 미래의 심판, 종국적인 종말에 대한 메시지를 담고 있는 구약성서의 묵시적인 기록이다. 그리스의 셀루키즈 가문이 팔레스타인을 통치하던 기원전 2세기 안티오커스 4세 에피파네스(175-163)는 칙령을 내려 유대민족에게 종교탄압과 문화적 핍박을 가한다. 성전에 그리스 신상들을 배치하고 절하도록 강요하고, 신생아에게 할례의식을 행하는 여인들은 물론 가족까지 사형에 처하며, 부정한 음식을 먹도록 강요한다(참조, 마카비 1서 1:60이하; 2서 6:10). 식민지 지배 하에서 언제나 그러하듯, 유대인들도 그리스의 정책을 따르고 동조하며 편하게 사는 사람들, 핍박이 두려워서 마지못해 순종하는 사람들, 용기 있게 저항하는 사람들이 있었다. 하스모니안 가문에 마티아 제사장은 핍박을 피해 다섯 아들, 요한, 시므온, 유다, 엘리에젤, 요나단과 예루살렘을 떠나 모데인이란 마을에서 거주한다. 한 날 관리가 찾아와서 온 가족을 불러놓고 마티아 제사장에게 먼저 그리스 신에게 제물을 바치고 예배할 것을 강요하자, 그는 주저 없이 토라와 언약에 충실하고자 하는 사람들은 그를 따를 것을 선포하고 아들들과 산간지역으로 도주한다(마카비 1서 2:1-28). 다른 경건한 유대인들과 연합하여 그리

용기는 하나님 백성이 삶의 위기를 경험할 때 어떤 신앙적인 결단을 해야 하는지 본보기를 보여준다. 그리고 다니엘의 이야기는 정경으로 채택되어 오늘 이 시대에 살고 있는 우리에게도 똑같이 교훈한다.

이방인이 베풀어준 은혜: 에스더

페르시아 제국이 근동지역을 지배하던 시대기원전 538-322년를 배경으로 에스더는 유대민족의 한 신실한 사람의 지혜가 어떻게 민족말살의 위기상황에서 자기 백성을 구원하는가에 대한 이야기다. 히브리어 성경에는 하나님에 대한 언급이 전혀 없지만, 구약성서를 그리스어로 번역한 칠십인 역본, 라틴어로 번역한 불가타 역본에는 하나님께서 모르드개에게 일어날 사건들을 현몽하시고 모든 사건에 개입하시어 인도하시는 많은 부분이 더해진다. 모르드개와 에스더는 하나님 앞에서 경건한 사람들로, 위기상황에서 절망하지 않고 하나님께 기도하며, 하나님의 인도 하심을 따라 지혜롭게 행동하는 신실한 사람들로 소개된다.

즉위한 지 3년이 되던 해, 아하수에로 왕크세르 크세스 I세, 기원전 486-465은 모든 페르시아 제국 관할 하에 있는 지방 통치자들과 신하들을 초청하여 화려하고 풍성한 축제를 즐긴다. 왕후 와스디 또한 여인들을 위한 잔치를 베풀고 연회를 즐긴다. 한 날 술에 취한 왕은 왕후의 미모를 손

스 핍박에 저항하여 일어나니 바로 마카비혁명이다(기원전 167년). 그들은 인간의 권력과 칼에 굴복하지 않고 하나님 앞에서 신실하게 자신을 지킨 사람들이다(다니엘 11:32). 결국, 164년 이들은 종교적 자유를 쟁취하여 더럽혀진 성전을 깨끗이 청소하고 정결의식을 행하여 촛불을 켜서 기념한 것이 하누카("봉헌, 헌신, 헌정"을 의미한다. 예수께서도 이 수전절을 지키러 예루살렘에 가셨다, 요한복음 10:22이하)이다. 다니엘서는 바로 안티오커스 4세의 핍박 속에 있는 유대민족에게 다니엘의 신앙의 순수성과 용기를 통해 그들을 위로하고 삶의 고난의 시기에도 절망하지 않고 하나님의 인도하심을 바라며 살도록 용기를 북돋아주는 내용이다. 역사의 주인은 하나님이시며, 어떤 국가나 지도자의 절대 권력도 영원한 것은 없으며, 결국 하나님의 종말론적 심판을 피할 수 없다. 당시 악행을 저지르고 있는 그리스 또한 하나님 손 안에 있음을 경고한다.

님들에게 자랑하고자 왕후에게 의관을 갖추고 나오라고 요구한다. 하지만, 왕후 와스디는 이를 거절하고, 자신의 권위에 상처를 입은 왕은 분노한다. 더하여 자기 부인들도 그럴 수 있다고 생각한 신하들까지 합세하여 이 일을 엄격하게 처리하고 부인은 남편에게 복종하도록 법률로 제정해야 한다고 목소리를 높인다. 신하들의 의견을 좋게 여긴 왕은 왕후 와스디를 폐위시키고 왕비를 새로 맞아들이고자 전국에 조서를 내린다.

유대인 모르드개는 이스라엘 초대 왕 사울을 배출한 베냐민지파의 후손으로 첫 번째 바빌로니아 포로송환 때 사로잡혀갔다고 성서 저자는 전한다. 그에게는 삼촌 부부가 세상을 떠나며 남긴 아름다운 미모를 가진 조카 딸 에스더가 있다. 에스더도 왕비 후보자로 성에 끌려가게 되고 모든 후궁과 궁녀들을 감독하는 내시 헤개의 수하에 들어가게 된다. 헤개의 눈에 든 에스더는 왕후 후보자로 훈련을 받게 된다.

> 헤개가 이 처녀가 눈에 들어 호의헤세드를 베풀고 곧바로 몸을 단장하는 물품과 음식을 공급하였습니다. 또한, 왕궁으로부터 선출한 일곱 궁녀들을 주고 에스더와 그 궁녀들을 여인들이 거하는 집 가운데 가장 좋은 장소로 옮겼습니다.에2:7

고대 앗시리아나 페르시아, 이집트 왕궁에는 외부와 단절되고 모든 일반 남자들의 출입이 금지된 통치자의 부인들, 첩, 시녀와 내시들이 거주하는 여인들의 집, 하렘이 있었다.참조, 에2:8-14 이 여인들의 집을 자유롭게 방문할 수 있는 사람은 특수한 상황을 제외하고는 오직 그녀들의 남자 왕뿐이었다. 하렘으로 불려온 처녀들은 정해진 규범에 따라 철저하게 순결하고 깨끗이 몸단장을 하고 준비하는데 일정기간을 보낸 후에야 왕을 만날 수 있다. 당시 하렘을 관리하는 총책임을 맡고 있던 헤개는 에스더에게 헤세드의 은혜를 베풀어 예우하는데 이는 하나님께서 어떻게 유대 민족을 지키시고 보호하시는지를 암시한다. 왕에게 나갈 차례가 된 에스더는 규정을 따르는 것 외에 특별하게 치장하지 않아도 모든 보는 사람들로부터 사랑을 받는다. 이 사랑은 왕에게도 마찬가지여서 에스더는 모든 여자보다 왕에게 총애를 얻고 왕후가 된다. 아하수에로 왕은 헤세드 사랑으로 에스더를 왕후로 맞아들인다.

> 왕이 모든 여인들보다 에스더를 더 사랑하므로, 그녀가 왕 앞에서 모든 처녀들보다 은혜와 사랑헤세드을 얻었습니다. 왕이 그녀의 머리에 왕관을 씌우고 와스디를 대신하여 왕후로 맞이했습니다.에2:17

훗날 유대 민족 말살위기에 직면하여 모르드개는 에스더가 왕후가 된 것은 동족구원을 위해 하나님이 예비하신 자리임을 그녀에게 상기시킨다. 에스더 또한 자신이 왕으로부터 입은 헤세드 사랑과 은혜를 자기 민족을 위하여 되돌린다. 왕의 부름 없이 스스로 왕 앞에 나가기로 한 것이다. 하렘에 거주하는 여인들이 먼저 남편을 찾는 일은 금기다. 에스더는 "만약 내가 죽어야 하면 죽을 것입니다"라고 자신의 목숨을 담보한 결단을 내린다. 이방 땅에서 이방 사람들을 통해 받은 헤세드의 은혜와 사랑을 이제 위험에 놓인 자기민족을 위해 기꺼이 되돌리는 용기다. 사랑을 받은 사람은 되돌릴 때를 알며, 그때가 되면 사랑을 베푼다.

헤세드로 기억된 정치종교개혁: 히스기야와 요시아

신명기 신학 사관으로 자신들의 왕조사를 해석하고 저술한 성서 저자들와는 달리, 포로 후기 왕실개혁과 다윗 왕조 중심의 역사편찬을 이끈

역대기 저자들는은 유다 왕 히스기야와 요시야의 업적들을 헤세드로 평가한다.

> 히스기야의 남은 사적과 그의 모든 선행헤세드은 아모스의 아들 예언자 이사야의 묵시와 유다와 이스라엘의 열왕기에 기록되었습니다. 대하32:32

> 요시야의 남은 사적과 주님의 토라 안에 기록된 대로 행한 그의 모든 선행헤세드과 업적은 처음부터 끝까지 이스라엘과 유다의 열왕기에 기록되었습니다. 대하35:26-27

유다 왕 히스기야기원전 715-687와 요시야기원전 640-609는 무엇보다도 민족의 정체성을 바로잡으려고 종교개혁을 단행하고 정치적 독립을 위해 노력한 왕들이다. 히스기야는 왕위에 오르자 성전관리와 성물관리를 책임지고 있는 레위인들을 모으고 대대적인 성전정화 작업을 통해 야훼 신앙을 회복하는데 주력한다. 대하29-31장; 왕하18:1-3 예루살렘 성전을 비롯하여 여러 성읍에 세워진 이방 신상들을 훼파하고 정화한 후, 토라에 기록된 대로 레위인들은 자신들의 직임에 따라 주 하나님을 예배하는 의식을 수행하고, 백성은 하나님 앞에서 하나님 백성으로서 정체성을 회복한다. 히스기야 왕은 또한 북 왕국 이스라엘을 멸망시킨기원전 721년 앗시리아가 이제 유다 예루살렘을 침공할 것을 대비하여 국력을 강화하고 온 백성이 주 하나님을 신뢰하며 끝까지 저항하도록 격려한다. 앗시리아에 조공 바치기를 거부하자 예상대로 앗시리아의 산헤립은 유다의 주요 성읍들을 점령하고 히스기야를 압박해온다. 히스기야 왕은 다시 조공을 바치며 굴복한다. 하지만, 기원전 701년 산헤립이 예루살렘을 포위하고 계속 위협하자, 히스기야 왕은 예언자 이사야의 충고에 귀 기울이며 하나님께 기도하므로 구원을 약속받는다. 약속하신 대로 하나님은 밤중에 그의 사자를 보내 앗시리아 군대를 치시니 산헤립이 패하여 본국으로 돌아가서 아들들에게 살해당하고 유다는 위기를 극복한다.왕하18:13-37, 19:14-19,35-37, 대하32:1-23; 사36:1-22, 37:8-38 성서 저자는 히스기야 왕이 주 하나님을 온전히 의지하고 그 명령들을 지켰으며, 유다 전후 왕 중에 히스기야 같은 왕이 없었다고 기록한다.왕하18:5-6 역대기에서도 히스기야 왕이 주 하나님 앞에서 선하고 정직하고 신실하게 행했으며, 행하는 모든 일에서 전심으로 하나님을 찾고 실천했다고 기록한다.대하31:20-21 히스기야 왕이 하나님 앞에 헌신한 모든 선한 행위들을 그의 헤세드라고 칭송한다.

아버지와는 전혀 다른, 훗날 민족의 멸망원인이 므낫세가 행한 악행 때문이라고 성서 저자가 책임을 물을 정도로, 히스기야 왕의 아들 므낫세는 폭정과 우상숭배에 빠져들고 뒤이은 아들 아몬도 아버지와 같은 독재자로서 군림하다 결국 신하들에 의해 암살당한다. 여덟 살에 왕위에 오른 히스기야의 증손이며 아몬의 아들 요시야는 아직 십 대를 지나고 있을 때, 조상의 하나님 야훼를 찾고 그 앞에서 정직하게 행했다고 성서 저자는 기록한다.

요시야의 대대적인 종교개혁은 성전을 보수하던 중 발견된 법전을 근거로 진행된다.왕하22:3-23:20; 대하34:8-33 대제사장 힐기야는 성전수리 감독을 맡고 일하던 중 성전에서 법전을 발견하여 서기관 사반에게 주니 법전을 읽은 사반은 모든 사실을 왕에게 보고한다. 법전의 내용을 듣고 옷을 찢으며 분개한 왕은 하나님 말씀을 들으려고 예언자 훌다에게 대신들을 보낸다. 훌다는 하나님을 떠나 우상숭배에 빠져 있는 백성에게 법전의 말씀대로 하나님 진노가 임할 것이지만, 요시야 왕의 마음을 하나님이 보셨으므로 당대에는 심판이 없을 것이라고 예언한다. 이에 요시야 왕은 모든 대신을 모으고, 주의 전에 올라가 따르는 모든 백성 앞에서 법전을 읽고 말씀에 순종할 것을 언약한다. 요시야 왕의 종교개혁은 유다 뿐 아니라 사마리아와 벧엘을 비롯한 이스라엘 자손에게 속한 모든 땅 전역에 걸쳐 철저하게 시행된다.왕하23:19-20; 대하34:33 따라서 요시야 왕이 통치하는 동안 백성은 그 조상의 하나님 야훼의 언약을 따라 하나님께 순종하고 떠나지 않았으며, 요시야와 같이 마음을 다하고 뜻을 다하고 힘을 다하여 토라를 따라 주님께로 돌아온 왕은 그전에도 후에도 없었다고 성서 저자는 증언한다.왕하23:25

증조부 히스기야가 하나님을 신뢰하며 앗시리아 산헤립에 맞섰듯, 요시야는 앗시리아 난민들의 하란 이주를 저지하기 위한 핑계로 이스라엘을 통과하고자 하는 이집트 파라오 느고를 므깃도에서 맞서 싸우다 전사한다.기원전 609년 왕으로서 하나님을 전적으로 신뢰하고 토라를 따르며, 백성을 보호하고 삶의 터전을 지키려 했던 서른아홉 젊은 요시아의 헤세드 삶은 그렇게 마무리되고 유다는 급속도로 멸망의 소용돌이에 휩싸인다. 요시야 전사 22년 후 유다는 멸망한다.

헤세드로 기억된 정치종교개혁: 느헤미야

기원전 5세기 중엽, 예루살렘 성벽을 재건하여 백성의 삶의 처소를 정비하고 하나님 백성으로서 정체성을 바르게 정립하기위해 포로후기 귀환공동체 개혁을 주도했던 지도자 느헤미야의 삶은 매일 매일이 위기이고 도전이었다. 흉년으로 말미암은 생활고와 유대공동체 재건을 방해하는 이방인들의 끊임없는 음모와 훼방에도 굴하지 않고, 침착하고 지혜롭게 자신에게 주어진 사명을 완수할 수 있었던 것은 그의 진솔한 기도내용에서 드러난다. 느헤미야는 하나님께 자신이 행한 헤세드를 기억하시고, 하나님 헤세드로 긍휼을 베풀어달라고 자신 있게 고백한 인물이다.

나의 하나님, 이 일로 인하여 나를 기억하여 주십시오,
하나님의 성전을 보살피고, 예배드릴 수 있도록 [행정제도를 정비한]
나의 선행헤세드을 잊지 마십시오.느13:14

내가 레위 사람들에게 그들 스스로를 정결하게 하고 와서
그 성문들을 지켜서 안식일을 거룩하게 하도록 했습니다.
나의 하나님, 나를 위해 이 일도 기억해주시고
당신의 은혜헤세드의 풍성함을 따라 내게 긍휼을 베풀어주십시오.느13:22

기원전 539년 바빌로니아가 페르시아에 의해 멸망하면서 이제 유다 포로공동체는 페르시아 지배를 받게 된다. 538년 페르시아 왕 고레스는 칙령을 발표하고 포로귀환과 종교의 자유를 허용한다. 이에 유다 포로들은 고레스 칙령발표 직후 세스바사르를 중심으로 첫 번째 귀환을 시도한 후, 520년 총독 스룹바벨, 대제사장 여호수아, 예언자 학개와 스가랴를 중심으로 대규모 귀환이 이루어지고 515년 예루살렘 성전을 재건하여 봉헌한다. 하지만, 예루살렘에서 귀환공동체 삶은 척박했다. 페르시아 아닥사스다 1세기원전 464-423 통치시기에 왕궁에서 왕의 음료수를 담당하는 관리로 일하던 느헤미야는 예루살렘으로 돌아간 사람들의 소식을 듣는다. 귀환한 사람들이 환난을 당하고 궁핍한 생활을 하며, 예루살렘 성은 허물어지고 성문들은 불에 타서 황폐한 채 방치되었다는 소식을 듣고 하나님께 금식하며 기도한다. 예루살렘 성읍을 재건하도록 왕에게

허락받은 느헤미야는 안전한 귀환을 위해 왕으로부터 조서를 가지고 돌아오지만, 이방인 통치자들인 산발랏과 도비야, 게셈의 훼방과 비웃음을 받게 된다. 이들은 느헤미야를 살해하려고 몇 차례나 만남 장소를 정하여 초청하지만, 느헤미야는 휘둘리지 않는다. 나중에는 돈으로 매수한 유대인 예언자들까지 동원하여 거짓예언을 통해 느헤미야를 겁박하지만, 실패한다. 예루살렘에 돌아와 주변 환경의 위험을 감지한 느헤미야는 사흘째 되던 날 밤에 비밀리에 예루살렘 성읍 상황을 파악한 후 지도자들을 고무시키며 건축을 시작한다. 성을 보수하고 재건하는 동안 이방인들의 훼방과 위협은 계속되고 일하는 사람들은 만일의 사태를 대비하여 무장하고 순번을 따라 밤낮으로 일터를 지킨다. 12년 동안 유대인 총독으로 임명되어 일하면서 느헤미야 자신은 물론이고 함께 일하는 관리들도 봉급을 받지 않고 온전히 민족재건에 헌신한다. 느헤미야는 앞선 총독들의 독재와 부패를 지적하면서 자신은 "하나님을 경외하므로 이같이 아니하였고" 총독의 봉급을 요구하지 않은 것은 이 백성이 감당하는 부역이 무거웠기 때문이라고 고백한다.느5:14-18 지도자로서 헤세드 삶의 모범을 보여준 대표적인 사례다.

느헤미야의 고백처럼 하나님께서는 주변의 온갖 부정적인 요인들과 핍박에도 불구하고 하나님 백성이 성벽보수공사를 완공하도록 보호하시고 지켜주신다. 드디어 성벽을 봉헌하고 느헤미야는 토라를 기준으로 하여 포로귀환공동체에 대대적인 개혁을 단행하고 하나님 백성으로서 정체성을 재확립한다. 이 모든 사명을 감당하는 데 있어 일의 처음부터 끝까지 느헤미야는 언제나 하나님께 기도하고 하나님이 주시는 마음으로 성실하게 일했음을 보고한다.느1:4-10, 2:4,18, 4:4-5,20, 5:9,19, 6:14, 13:14,31 그렇게 사역을 마무리하면서 자신이 하나님 앞에서, 민족 앞에서 실행한 모든 선한 일헤세드을 기억하시고, 하나님 헤세드의 긍휼하심과 은혜를 베풀어달라고 기도한 것이다. 이 땅에서 삶을 정리해야 하는 때가 이르렀을 때, 자신 있게 하나님 앞에 헤세드의 신의와 사랑으로 사명을 감당했노라고 고백할 수 있는 목회자가 그리운 시대다.

헤세드 잠언

잠언서에 수록된 말씀들은 어떻게 인생을 사는 것이 아름답고 복된 삶인지를 교훈하는 최고의 스승이자 가르침이다. 잠언서는 "지혜와 훈계를 알게 하며 명철의 말씀을 깨닫게 하고 지혜롭게, 공의롭게, 정의롭게, 정직하게 행할 일에 대해 훈계를 받게 하며, 어리석은 사람을 지혜롭게 하며 젊은이에게 지식과 분별력을 주기 위한 것으로, 지혜로운 사람은 듣고 배움이 더할 것이고 명철한 사람은 분별력을 얻을 것이다"라고 소개한다.[1:2-5] 한 사람이 살고 죽으며 환란의 때와 복을 누리는 인생 굴곡을 경험하며 얻은 지혜로 후손들에게 훈계하는 현자들의 생생한 증언이다. 현자의 가르침은 "주 하나님을 경외하는 것이 지식과 지혜의 근본"임을 선포하며 지혜의 길로 인도하는 문을 연다. 현자들의 훈계에서 중요하게 제시하는 삶의 덕목 중 하나가 헤세드다. 특별히 아래 제시한 잠언들은 진리와 함께 변함없이 지속적인 신실한 사랑을 실천하는 태도를 강조한다.

> 헤세드와 진리가 네게서 떠나지 말게 하고, 그것들을 네 목에 묶고 네 마음 판에 새겨라
> 그러면 네가 하나님과 사람 앞에서 은혜와 귀중히 여김을 받게 될 것이다.[3:3-4]

마치 아름다운 옷과 장식품으로 외모를 가꾸고 보존하듯, 변함없이 지속적인 신실한 사랑으로 삶의 가치를 삼을 것을 권면한다. 헤세드와 진리가 병행되어 사용할 때 진리는 헤세드의 지속성, 신실함을 강조하기 위한 의미로 활용된다. "목에 묶고 심장에 새기라"라는 것은 생명을 살게 하고 지탱하는 에너지를 삼으라는 것이다. 신실한 사랑은 시간과 공간을 초월하는 지속성을 가진다. 헤세드 사랑은 전 생애를 통해서 드러나는 생명력이다. 그 힘이 하나님과 사람 앞에서 존귀한 사람으로 살아가는 존재가 되게 한다.

헤세드를 품은 사람은 자기 자신의 영혼을 이롭게 하고
잔인한 사람은 자기 자신을 해친다.[11:17]

악을 도모하는 사람들은 잘못 가는 것이 아니냐?
선을 도모하는 사람들에게는 헤세드와 진리가 있다.[14:22]

헤세드와 진리로 인하여 죄악이 구속함을 받게 되고
주님을 경외함으로 악에서 떠나게 된다.[16:6]

사람의 마음에 소원하는 것이 헤세드이면
가난한 사람이 거짓말하는 사람보다 낫다.[19:22]

공의와 헤세드를 따라 구하는 사람은 생명과 공의와 영광을 얻는다.[21:21]

헤세드와 진리가 왕을 보호하고 그의 왕권도 헤세드로 말미암아 견고

하다.20:28

하나님의 말씀을 따라 사는 자들의 지극히 상식적인 삶의 모습을 잠언은 열거한다. 변함없이 지속적인 사랑의 관계 안에서 신실한 삶을 사는 것이 지혜로운 인생이라고 조언한다. 서로서로 향하여 신실하게 의리를 지키는 것, 선한 가치를 추구하고 그에 따르는 행동을 하는 것, 정직한 말과 행동, 다수의 행복을 위해 공의를 행하는 삶이다. 권력을 가진 지도자들의 통치 또한 특별한 지도력이 요구되는 것이 아니라, 가장 기본적인 사람과 사람관계 안에서 지켜지는 신뢰와 사랑의 질서 위에서 이루어지는 것이다. 구약성서 현자들의 훈계는 시간을 초월하여 오늘 이 시대를 사는 우리에게도 똑같이 열려 있다. 각자가 소속된 삶의 자리에서 헤세드 가치로 사는 선택은 개인에게 있다.

잠언서는 왕의 모후가 그 아들을 향한 훈계로 마무리한다. 어느 시대 어느 민족의 왕인지는 알 수 없으나 잠언 31장은 "르므엘 왕의 말씀으로 그의 어머니가 그를 훈계"한 잠언이라고 소개한다.1절 아들에게 주는 교훈에서 어머니는 무엇보다도 지혜롭고 능력 있는 여인을 배우자로 맞이할 것을 권면한다.

[현숙한 여인은] 입을 열어 지혜를 베풀고
그녀의 혀로 헤세드의 가르침을 말한다.31:26

우리의 현실과 다르지 않은, 시대를 초월한 모든 어머니의 가르침을 대표하는 잠언이다. 본문에서 사용하는 어휘 "현숙함"은 물리적 힘과 능력, 부를 갖춘 것을 의미한다. 재능이 풍부하고 그것을 활용할 능력이 있는 여인이다. 이 현숙한 여인은 지혜를 베푸는 사람이다. 현자들이 가르치는 지혜는 무엇보다 하나님을 경외하는 삶이다. 여성으로서 가문의 남자 어른들이 가르침을 주는 동일한 가르침을 베푸는 능력이 있다. 또한, 서로를 배려하고 사랑하며 사는 삶이 어떻게 가능한지를 보여주는 헤세드 사랑을 가르치는 소질이 있다. 이 모든 것을 할 수 있는 능력의 원천은 그 사람이 바로 "주님을 경외하는 여인"이라는 것이다. 잠언의 첫 훈계는 자녀에게 "주 하나님을 경외하는 것이 지식의 근본"이라고 가르친다. 이제 잠언의 마지막 훈계는 자녀에게 "오직 주님을 경외하는 여인은 칭찬을 받을 것"이라고 조언한다. 뼈를 깎아가며 외모를 수정하는 성형수술 받는 것이 능력과 부의 상징이 된 오늘날, 하나님을 경외하며 이웃을 존중하며 살기위해 교만한 마음과 욕심을 깎는 수술을 우리는 하고 있는가!

잊어버린 은혜: 요셉과 시종장

지금까지 우리는 어떻게 사람과 사람의 관계 안에서 신실하게 헤세드의 사랑과 은혜가 베풀어지고 받아들여졌는지 다양한 삶의 정황을 통해 살펴보았다. 대부분 상황이 누군가에게 헤세드를 행한다는 것은 상대에게서도 헤세드를 기대하는 마음이 있음을 암시하고 있다. 하지만, 서로를 향한 관계이해가 불협화음을 만들어내고, 한쪽에서 베푼 헤세드 사랑이 상대방에게서는 똑같이 응답하지 않는 때도 있다.

성경에 등장하는 인물 중에서 누구보다도 어려운 시련을 경험하지만, 요셉은 언제나 좌절하지 않고 일어선다. 어린 시절부터 꿈을 통해 하나님을 경험한 요셉은 결국 꿈을 자랑한 것이 화근이 되어 형제들의 미움을 받게 되고, 아직 청소년 때 아버지의 심부름을 갔다가 형들에 의해 외교무역을 하는 상인들에게 팔린다. 이집트로 끌려간 요셉은 이집트 왕 파라오의 시위대장 보디발에게 다시 팔려 그의 집에서 종살이하게 된다. 보디발은 하나님께서 요셉과 함께하시는 것을 보았고, 모든 일에 요셉을 형통케 하심을 알고 자기 집과 재산을 총괄하는 책임을 맡긴다. 요셉으로 인해 보디발은 주님의 복이 자신과 소유한 모든 것에 미치고 있음을 경험하고, 본인이 섭취하는 음식 외에는 간섭하지 않았다고 성서 저자는 기록한다. 하지만, 어느 날부터 여주인의 유혹이 계속되고, 자신의 순수성을 지키고 범죄 하지 않은 것이 오히려 여주인의 모함으로 이어져 요셉은 감옥에 갇히게 된다. 요셉이 갇힌 곳은 왕궁에서 혐의를 입은 관리들을 수용하는 곳으로, 감옥에서도 요셉은 하나님의 똑같은 은혜를 경험한다. 요셉의 성실함을 알아본 간수장은 감옥의 행정업무를 요셉이 관장하게 함은 물론 갇힌 사람들을 관리하게 한다.

어느 날 이집트 왕 파라오의 식단을 관리하는 신하 중 밥과 음료수를 관리하는 책임자들이 갇히게 된다. 하룻밤에는 두 관리가 서로 다른 꿈을 꾸면서 요셉의 꿈 해몽을 듣게 된다. 술 관리를 맡은 사람은 직위가 복직될 것이고 빵을 굽는 사람은 처형될 것이라는 요셉의 해몽대로 판결이 이루어진다. 꿈을 해몽하면서 요셉은 음료수를 관리하는 파라오의 신하에게 자신의 억울한 상황을 설명하고 복직이 되거든 자신에게 헤세드 도움을 베풀어달라고 부탁한다.

> 시종장께서 일이 잘 해결될 때 나를 기억하시고 나에게 은혜헤세드를 베풀어주십시오.
> 나에 관하여 파라오에게 말씀해주셔서 이곳에서 나를 나가게 해주십시오.
> 나는 진실로 히브리 땅에서 끌려왔고 또한 이곳에서도 감옥에 갇힐 아무런 일도 하지 않았습니다. 창40:14

여기서 요셉은 파라오 왕에게 자신의 억울함과 결백을 호소하고 출옥을 탄원하기 위해 자신이 은혜를 베푼 관리에게 동일한 은혜를 요청한다. 요셉이 헤세드를 요구하는 것은 자신이 이미 상대방을 성실하게 예우했고, 앞으로도 그렇게 관계를 지속하겠다는 의지를 밝힌 것이다. 헤세드를 요청할 만큼 성실하고 결백하니 자신을 믿어달라는 것이다. 안타깝게도 복직된 후 술 맡은 시종장은 좋은 시절이 다시 오자 고난의 시절을 기억하지 못하고 요셉의 부탁을 잊는다. 이 일 후에 2년이 지난 어느 날, 이집트 왕 파라오가 앞으로 일어날 칠 년 풍년과 뒤이을 칠 년 흉년 징조에 대한 꿈을 꾸지만 누구도 해석하지 못한다. 그때야 비로소 과거의 일을 기억한 술 맡은 시종장이 왕에게 요셉을 소개한다. 요셉은 왕 앞에 나가 꿈을 해몽하고 칠 년 후에 일어날 흉년 재앙을 극복할 대책을 제안한다. 이에 파라오와 그의 신하들은 요셉의 명석함과 지혜로움에 감탄하여 요셉을 이집트 전역을 통치하는 총리로 임명한다. 요셉이 이집트 고관에게 요청한 헤세드는 잊혀졌지만, 하나님 섭리 안에서 사랑의 완성으로 드러난다. 파라오의 신하는 꿈 때문에 마음이 혼란할 때 요셉에게 결정적인 도움을 받았지만, 자신의 관직이 복직되었을 때 요셉을 잊었다. 하지만, 요셉의 인생 속에서 하나님은 그가 어떤 환경에 직면하든지 그곳에서 함께하신다.

잊어버린 은혜: 기드온과 지파공동체

사사시대 가나안에 정착한 하나님 백성은 분배받은 땅에서 지파공동체를 이루고 살아간다. 이들의 삶은 배교와 회복의 반복되는 과정으로 드러나는데, 하나님을 떠나 우상숭배에 빠져들고 그로 인한 이웃민족들로부터 압제를 당하면, 고통 가운데서 하나님께 울부짖고, 하나님이 사사들을 일으켜 구원하여 평화시대를 맞이하면 또다시 하나님에게서 멀어지는 안타까운 모습을 보여준다. 이렇게 약 이백 년을 지나는 동안 12명의 사사가 일어나 지파공동체를 구원하는데 그 중 하나가 기드온이다.

그때도 백성이 하나님 앞에서 악을 행하니 주님께서 그들을 미디안의 괴롭힘에 버려두신다. 수확시기를 따라 농작물은 물론 가축들을 약탈해 가니 이스라엘이 미디안 때문에 궁핍함이 심해지자 주님께 부르짖는다. 하나님께서는 한 선지자를 그들에게 보내셔서 어떻게 이스라엘 자손들을 이집트의 학대에서 해방하셨고, 약속의 땅을 그들에게 주셨으며, 이방신들을 두려워하지 않을 것을 명하셨는지를 말씀하신다. 그리고 기드온을 선택하셔서 미디안으로부터 이스라엘 백성을 구원하도록 영적인 지도력을 부여하신다. 기드온은 하나님이 말씀하신 대로 전쟁에 출전할 삼백 명을 선출하여 미디안을 중심으로 그 동맹군들과 전쟁을 준비한다. 물리적으로는 불가능한 전쟁이다. 미디안과 그 동맹군들의 수자는 메뚜기의 많은 수와 같고 낙타의 수는 해변의 모래가 많음과 같았다고 기록된 것처럼, 미디안과 주변 민족들이 연합하여 이스라엘을 괴롭혔기 때문이다. 하지만, 주 하나님은 스스로 전쟁을 주관하셔서 승리의 길을 열어 놓으신다.삿6:36-40, 7:9-14,21-22 기드온은 미디안과 그 모든 진영을 하나님께서 자신에게 넘기셨음을 알고 용기 있게 하나님이 주신 지혜를 따라 전쟁을 수행하고 미디안을 쳐서 이스라엘 앞에 복종하게 한다.

기드온의 지도력으로 미디안의 압제에서 벗어나자 이스라엘 사람들은 계속해서 기드온과 그 후손들이 통치자가 되어 달라고 요청한다. 기드온은 백성의 요구를 받아들이지 않고 이스라엘의 통치자는 오직 주 하나님이심을 분명히 밝힌다. 안타깝게도 기드온이 죽자 사십년의 평화를 깨고 이스라엘 자손들은 주님을 떠나 다시 우상숭배로 돌아선다. 사사 기드온의 전설 같은 미디안과의 전쟁과 승리, 자기 민족에게 행한 선행은 지파공동체 안에서 기억되지 않는 헤세드로 마무리된다.

> 기드온이 죽자 이스라엘 자손들이 다시 돌아서서 바알들을 따라 성적으로 문란해지고 자신들을 위해 바알브릿을 신으로 삼았습니다. 그리고 이스라엘 백성은 그들을 주위의 모든 원수들의 손에서 구원하신 그들의 하나님 야훼를 기억하지 않았습니다. 그리고 그들은 여룹바알 기드온이 이스라엘에게 행한 모든 선행을 따라서 기드온의 가족에게 은혜헤세드를 갚지 않았습니다. 삿8:33-35

잊어버린 은혜: 다윗과 하눈

또 다른 불협화음을 초래한 헤세드는 다윗과 암몬 족속의 왕 하눈과의 사이에서 일어난 사건이다.삼하10=대상19 다윗과 암몬 족속의 통치자 나하스와의 친분관계가 어떠했는지 자세한 언급은 없지만삼하17:27은 다윗이 압살롬의 반역으로 피난 갈 때, 마하나임에서 다른 사람들과 더불어 나하스의 아들 소비가 음식과 필요한 물품들을 제공했다고 간단하게 언급하고 있을 뿐이다, 나하스가 죽고 그의 아들 하눈이 왕이 되자 다윗은 나하스가 자신에게 은총을 베풀었듯이 하눈에게 똑같이 예우하는 마음으로 조문객들을 보낸다.

> 다윗이 말했습니다. "그의 아버지가 나에게 은혜헤세드를 베풀었듯이 내가 나하스의 아들 하눈에게 은혜헤세드를 갚을 것이다"하고 그의 아버지 일로 하눈을 위로하기 위해 신하들을 보내니 다윗의 신하들이 암몬 땅에 도착했습니다. 삼하10:2

당시 다윗은 온 이스라엘을 통치하는 왕으로 등극하고, 거스르는 주변 민족들을 잠재우고 가나안 땅을 물리적으로 통일하려고 계속해서 전쟁을 치르고 있었다. 하눈의 신하들은 다윗이 조문을 핑계 삼아 암몬을 정복하려고 정탐꾼들을 보낸 것이라고 왕에게 보고한다. 하눈도 다윗이 자신에게 헤세드를 베풀고자 하는 마음을 오해하고 신하들 의견을 따라 조문객들을 크게 모욕한다. 다윗의 신하들은 수염과 두루마기가 잘리는 수치를 당하고 돌아온다. 고대 근동지역에서 성년 남자들에게 긴 수염과 발등까지 내려오는 긴 두루마기는 권위와 명예를 상징한다. 아버지에게 받은 은혜를 아들에게 되돌리고자 했으나 다윗의 헤세드는 불행하게도 거절당한다. 이 일로 다윗에게 미움이 된 것을 알아차린 암몬 자손들은 아람 자손들에게 파병을 요청하여 연합군을 형성하고, 다윗과 전쟁을 치르지만 크게 패하고 이스라엘에 조공을 바치며 섬기게 된다. 은혜를 오해하여 지혜롭지 못한 판단으로 전쟁과 패배를 가져온 것이다.

버려진 사랑: 언약이 파기된 공동체

다윗, 솔로몬 통치로 이어온 통일왕조는 기원전 10세기 후반약 922년 북 왕국 이스라엘과 남 왕국 유다로 분열되어 서로 반목하게 된다. 기원전 8세기 중엽 북 왕국 이스라엘 왕 여로보암 2세786-746와 남 왕국의 유다 왕 웃시야783-782는 비교적 호의적인 관계를 유지하며 정치적 안정을 도모하고 경제적인 부흥을 이룬다. 하지만, 물질적인 풍요와 안정은 정치, 종교지도자들에게 편향된 기득권을 유지하는 권력수단일 뿐, 모든 백성이 함께 행복한 삶을 나누지 못한다. 이에 주 하나님의 신탁神託을 받은 예언자들의 말씀선포가 시작된다. 아모스, 호세아, 이사야, 미가로부터 출발한 정경예언자들의 사역은 두 왕국의 멸망과 포로기를 거쳐 포로후기까지 계속된다. 하나님과의 언약관계를 파기한 북 왕국 이스라엘을 향해 예언 메시지를 전한 호세아는 누구보다도 헤세드가 실천되지 않는 사회현실을 신랄하게 고발한다.

> 주님의 말씀을 들어라, 아 이스라엘 자손들아
> 주님께서 이 땅에 살고 있는 사람들과 법적으로 논쟁을 해보자고 요구하신다.
> 이 땅에는 진실함도 사랑헤세드도 하나님을 아는 지식도 없기 때문이다. 호4:1

공동체 안에서 하나님을 향하여, 서로를 향하여 실천해야할 윤리적 행동양식이 전혀 실행되지 않고 있다고 지적한다. 예언자가 언급하고 있는 어휘들은진실, 변함없이 지속적인 사랑, 하나님을 아는 지식 언약공동체가 더불어 생활하는 삶의 기본원리다. 진실 혹은 진리는 정직한 관계 안에서 서로를 신뢰하는 것이다. 믿음, 견고함, 신실함과 통용하는 어휘로 책임 있게 지속적인 관계를 유지하는 행동양식이다. 하나님을 아는 지식은 단순히 하나님을 안다고 말하는 것이 아니라, 사랑 안에서 순종함으로 하나님과 올바른 관계에 있는 것을 의미한다. 하나님에 관한 것을 아는 것이 아니라, 하나님과 교제를 통해 하나님을 경험하는 삶이다. 이 어휘들은 모두 관계 안에서 일어나는 양질의 삶의 내용을 표현한다.

그러나 하나님이 은혜로 주신 땅에서 살고 있는 하나님 백성의 생활은 전혀 이러한 책임을 감당하며 사는 모습이 아니다. 따라서 예언적 메시지는 하나님께서 이 땅에 살고 있는 주민들을 불러놓고 한번 법적으로 공평한 논쟁을 벌여보자고 제안하시는 뜻을 전달하고 있다. 진리와 헤세드와 하나님을 아는 지식이 결여된 사회의 실체는 "거짓과 속임과 살인과 도둑질과 간음과 피 흘림 위에 피 흘림이 연이어 일어날"뿐이기 때문이다.호4:2 이 부정과 폭력의 결과들은 모두 언약 공동체 구성원들이 지켜야 할 삶의 윤리와 도덕을 파기한 것이다.참조, 출20:7,13,14,15,16 이러한 현실에서 헤세드는 단순히 상호 간의 변함없이 지속적인 사랑이나 약자에게 베푸는 은혜가 아니라, 하나님의 명령으로 주어진 윤리적인 행동강령을 실천해야 하는 책임이다. 사람과 사람관계 안에서, 또한 하나님을 향하여 신실하게 공동체의 약속을 실행하는 태도이며, 건강한 사회를 구성하는 지침이고 지탱하는 힘이다. 호세아는 언약을 파기하고 정체성을 상실한 사람들을 향해 공의와 헤세드를 실천하므로 하나님께 돌아올 것을 호소한다.

> 너희 자신을 위해 정의를 뿌리고 사랑헤세드으로 수확해라
> 너희 자신을 위해 묵은 땅을 갈아 엎어라
> 지금이 바로 주님을 찾을 때니,
> 주님이 오셔서 정의를 비처럼 너희에게 내리실 것이다.호10:12

회개를 일깨우는 메시지 선포에서 헤세드는 정의를 동반한다. 구약성서에서 공의 혹은 정의로 해석되는 쩨데크/쩨데카는 헤세드 만큼이나 매우 포괄적인 의미로 사용되며, 한 사회의 올바른 질서를 구현하는 법규나 윤리, 도덕뿐 아니라 의로운 신앙을 구현하는 행동양식의 가치기준이다. 예언자는 농사짓는 은유를 문학기법으로 활용하여 이스라엘이 어떤 삶을 살아야 하는지 암시한다. 땅을 경작하고 씨를 뿌리고 수확함에 있어 신실한 사랑과 올바른 판단으로 행해야 함을 현재 이스라엘이 하나님 앞에서 살아야 하는 모습으로 그려낸다. 지금이 바로 회개하고 주님을 찾아야 할 시간이며, 주님을 알고 변함없이 지속적인 사랑과 신의를 공동체 안에 회복시켜야 하는 시간이다. 하나님의 복 주심은 이스라엘이 일

상생활에서 정의와 사랑을 어떻게 실천하느냐에 달렸다. 정의와 헤세드 사랑을 실천하는 것이 건강한 공동체의 관계를 지속하게 하는 원동력이다. 호세아 12장 6,7절도 동일한 호소로 하나님께 돌아올 것을 촉구한다.

주님은 만군의 하나님이시며 야훼는 그를 기억하게 하는 이름이다
그러므로 너는 네 하나님께 돌아와서 사랑헤세드과 공의를 지켜라
네 하나님을 끊임없이 바라며 기다려라.

예언자는 이 말씀에 앞서 이스라엘이 이집트와 앗시리아의 무력에 의존하여 조공을 바치는 것을 지적하며, 이스라엘을 지키시는 분은 인간의 무력과 견줄 수 없는 만군의 하나님 야훼이심을 선포한다. 또한, 하나님 자신을 기억하게 하는 이름, 야훼께 돌아오라고 예언자는 명령한다. 정의와 같은 개념으로 공의미쉬파트가 헤세드와 함께 공동체 안에서 신의를 지키는 행동양식으로 등장한다. 미쉬파트는 쩨다카와 같은 의미로 두 어휘가 함께 쓰이기도 하고 독립적으로 쓰이기도 한다. 미쉬파드는 토라에 수록된 구체적인 법률조항을 뜻하기도 하는데 우리말 성경에는 "법도", "율례"로 표기되었다. 하나님의 법도를 따르는 것, 그의 율례를 지키는 것이 정의와 공의를 실천하는 삶이다. 이스라엘의 희망은 하나님께 돌아와서 헤세드와 공의를 구현하는데 달렸다. 공동체 구성원으로서 신실하게 의무와 책임을 감당해야 하는 사랑의 요구다.

회개를 촉구하는 중요한 세 가지 어휘들"돌아오다", "지키다", "바라다(희망을 가지고 기다리다)"이 사용되는데 현재와 미래를 보증하는 내용을 품는다. 주님께 돌아와서 서로 신의와 정의를 지키고, 지속적으로 이스라엘이 삶을 지탱할 수 있도록 하나님의 구원과 보호 아래 거하라는 것이다. 하나님 앞에 잘못을 자백하고 용서받음으로 새 삶을 창조하고, 변함없이 지

속적인 사랑과 정의를 지키고 사는 것을 디자인하며, 한결같이 하나님을 기다림으로 희망의 실제를 보라고 권면한다.

호세아서에서 예언자는 공동체 안에서 헤세드가 상실될 때 인간관계는 파기된다는 것을 보여준다. 그들의 하나님 야훼를 반역할 때 하나님 백성은 상호 간의 올바른 관계를 떠나 공동체를 와해시키고 방황하게 된다. 호세아는 사람과 사람의 관계 안에서 지켜야 하는 변함없이 지속적인 사랑의 기본은 하나님의 말씀을 따르는 것으로, 특별히 십계명에 주목한다.호 4:1-3 한 사람의 삶에서 도덕과 윤리적 행동, 법, 신앙은 분리된 것이 아니라 공존하는 것이다. 한 사람의 삶에서 다른 사람을 향한 헤세드는 그 사람의 실존이다.

포로 후기 예언자 스가랴는 하나님 백성이 서로 관계에서 헤세드의 돌봄을 버렸기에 다른 민족의 지배를 받는 결과를 가져왔다고 지적한다. 스가랴는 무엇보다도 귀환공동체에게 성전재건을 격려하고 예루살렘 예배회복의 희망을 제시한다. 포로 이전 예언자들과 크게 다를 바 없는, 주님께서 원하시는 것은 종교적 행위가 아니라 하나님 말씀에 순종하는 것임을 선포한다. 예언자들을 통해 반복되는 고백은 하나님 백성이 포로로 사로잡혀간 원인은 말씀을 따라 살지 않았기 때문이다.

> 주님의 말씀이 스가랴에게 임하니 말하기를,
> 만군의 주가 이같이 말씀하십니다.
> "너희들은 진실한 재판을 판결하도록 해라,
> 서로에게 변함없이 지속적인 사랑헤세드과 긍휼을 베풀어라,
> 과부와 고아와 나그네와 가난한 자를 학대하지 마라,
> 너희 마음속에 서로 악을 행하려고 도모하지 마라"고 했으나, 그들이
> 듣기를 거절하여 어깨를 돌리고 고집스럽게 서로 듣지 않으려고 귀를

막았다. 그들이 토라와 만군의 주가 그의 영으로 전에 예언자들을 통해 말씀하신 것을 듣지 아니하려고 그들의 마음을 다이아몬드처럼 단단하게 만들었다. 그러므로 큰 진노가 만군의 주로부터 임하였다.슥7:8-12

헤세드는 하나님 백성이 서로 관계 안에서 마땅히 행해야 할 가장 기본적인 행동양식임을 포로 후기 귀환공동체 안에서 재강조 된다. 헤세드는 토라의 덕목을 구체적으로 실천하는 것이다. 토라의 핵심은 열 가지로 함축된 말씀출20:1-17; 신5:6-21이다. 이 말씀을 구체적으로 실천하는 것은 신분이나 재산의 많고 적음과 관계없이 옳은 것과 옳지 않은 것에 대한 분별력을 가지고 사는 것이다. 사회 구성원들 간에 변함없이 지속적인 사랑의 관계를 유지하는 것이고, 돌봄이 필요한 이웃을 불쌍히 여기는 마음으로 사랑을 베푸는 것이다. 사회의 약자들을 보호하는 것이고, 서로에게 진실하고 성실하게 대우하는 것이다. 결코, 지키기 어려운 계율이나 어떤 금지조항이 아니라, 서로에 대한 존중하는 마음으로 인생을 사는 것이다. 하지만, 가장 기본적인 상식이 지켜지지 않을 때 그 사회는 깨어지고 만다. 공동체 안에서 지켜지지 않은 헤세드는 결국 반세기 동안 포로생활을 해야 하는 고난의 시간으로 이어진 것이다.

똑같은 지적이 시편 109편의 저자가 억울함을 탄원하는 기도에서도 드러난다. 시인은 자신이 베푼 선행을 악으로 갚으며, 사랑을 미움으로 갚는 상대편의 교활함을 지적한다. 악하고 거짓된 입으로 시인을 공격하고 미워하는 자들이 그들의 행위대로 보응받기를 고발한다. 악한 자들에게는 자신들이 행한 동일한 악으로 보응당하도록, 악인이 그들을 다스리게 하여 은혜헤세드 베풀 자가 없게 하시고 그들의 죄악대로 갚아달라고 하나님께 호소한다. 왜냐면 악한 자들은 공동체 안에서 "은혜헤세드 베풀 일을 기억하지 아니하고, 가난하고 궁핍한 사람과 마음이 상한 사람을 죽이려고 쫓아다니기 때문"이다.[16] 조목조목 헤세드를 거스르는 행위를 일삼는 대적들의 악행을 지적하며, 시인은 하나님의 헤세드 사랑과 은혜로 자신을 악한 자들에게서 건지시고 보호해 주실 것을 간구한다. 서로 헤세드로 예우하는 사회는 건강하고 아름답게 조화를 이루지만, 헤세드를 저버리는 사회는 상대를 미워하고 정죄한다.

요약정리

사람과 사람관계에서 사용된 헤세드 개념이 포함하는 의미는 세 가지 관점에서 중요하게 드러난다. 헤세드 사랑은 이론이나 추상적인 개념이 아니라 "행동"의 실제이며, 일방적인 것이 아니라 "상호관계" 안에서 이루어지는 것이고, 일시적인 것이 아니라 "지속성"을 추구한다. 헤세드는 협력과 조화를 이루며 살아가게 하는 사회구성원간의 신실한 약속이며 그것을 구체적으로 실천하는 행동양식이다. 친구 간의 우정을 드러내는 표현수단이고, 도움이 필요한 사람에게 긍휼을 베푸는 마음이다. 고통을 경험하는 사람에게 헤세드는 치유의 능력이 되고, 절망 속에서 낙심한 사람에게 헤세드는 희망의 문을 여는 열쇠가 된다. 악한 행실과 죄의 유혹에 빠진 사람에게 헤세드는 구속의 은혜로 인도하는 길이며, 무엇이 악한 것이고 무엇이 선한 것인지를 분별하게 하는 통찰력을 갖게 한다.

다양한 삶의 자리, 서로 다른 환경에서 행해지는 헤세드는 일방적이 아니라 관계 안에서 일어난다. 언제나 헤세드를 베푸는 사람 혹은 단체와 헤세드를 기대하는 사람, 단체가 있다. 헤세드는 남편과 아내, 아버지와 아들, 주인과 손님, 친구, 친척 등 서로에 대한 신뢰를 바탕으로 어느 한 사람 혹은 무리나 공동체가 돌봄이 필요할 때 상호관계 안에서 보여주는 책임 있는 행동이다. 따라서 헤세드는 가족 공동체나 사회 구성원들 간에 나누는 신실한 교제다.

이렇게 서로의 관계 안에서 진실한 행동으로 보여주는 헤세드는 일시적인 것이 아니라 변함없이 한결같은 사랑이다. 이 사랑이 상대를 긍휼히 여김으로, 친절함으로, 은혜로, 용서하고 품는 모습 등으로 드러난다. 이는 지속적으로 그 사회를 건강하게 지탱하도록 힘을 공급하는 원동력이다. 헤세드는 언약을 동반하여 상호 책임과 의무를 견고히 하기도 한다. 아브라함과 아비멜렉의 언약, 라합과 정탐꾼들의 언약, 다윗이 요나단에게 요청하는 언약은, 주변 환경이 적대적인 상황일 때 헤세드로 언약을 맺으며 위기를 극복하고 신뢰관계가 계속되기를 기대하는 것을 볼 수 있다. 이미 친밀한 관계에서 교제하는 사람들에게 헤세드는 서로간의 신뢰를 바탕으로 상호 존중하며, 어떤 환경에서도 요동하지 않고 한결같은 진실한 사랑을 보여주는 태도다. 위기상황에서 갑작스럽게 혹은 우연한 만남에서 서로에게 헤세드를 제안하거나 요청할 때, 헤세드는 상호 신뢰를 바탕으로 서로 존중하며 책임있게 현실상황에서 도움을 주고받는 신실한 행동이다.

4장
하나님과 하나님백성 관계에서 헤세드

그의 백성을 향한 하나님의 헤세드

헤세드는 하나님의 주권을 드러내는 사랑이다. 머리글에서 언급했듯이 하나님은 인간에게 자신을 친히 보이시고 말씀하신다. 가장 수효가 적고 보잘것 없는 사람들을 선택하시고 언약 안에서 하나님의 소유된 백성임을 선포하시므로 교제의 문을 여신다. 언약공동체로서 하나님 백성에게 삶의 원리를 수여하시므로, 하나님을 경외하고 이웃을 사랑하며 사는 것이 인생의 본분이고 행복이라고 선언하신다.

그의 백성 한가운데 거하시는 사랑

성서 저자는 인간성품을 묘사하듯 은유 기법을 사용하여 하나님이 어떤 분이신지 구체적으로 시내산에서 하나님의 현현을 그려낸다. 하나님은 인간 삶의 한가운데 초자연적인 거룩한 위엄과 경이로움으로 임재하시지만, 동시에 눈에 보이는 물리적 현상으로 자신을 드러내신다. 온산이 흔들리며 연기가 자욱한 깊은 어둠 가운데 맹렬한 불꽃같은 영광으로 자신을 보이시는 하나님을 사람들은 바라본다. 하나님이 친히 사람들을 만나 그의 백성으로 부르신 것이다.출19:16-19, 20:18-21, 24:17 칠십 명의 언약공동체 대표는 하나님의 임재를 경험하고, 임재 앞에서 언약의 말씀을 비준하는 의식으로 거룩한 음식을 먹고 마신다.출24:9-11 언약을 재확인함에 있어 모세는 하나님의 영광을 보여 달라고 간청한다. 하나님 영광은 하나님이 친히 사람 가운데 임재하심으로 드러나는 신의 위엄이며 경이로움이다. 하나님 영광과 현현은 자기 백성을 향한 하나님의 특별한 은혜. 추상적인 신의 모호성이나 신비를 넘어서는 하나님의 주되심이며 권위다.

근동지역의 신들은, 그리스나 로마 신화에 등장하는 신들과 마찬가지로, 일반적으로 자기중심적인 이기주의 속성을 가진다. 인간보다 초월적인 존재라고 생각하기 때문에 온전히 자신을 드러내지 않는 신비를 간직하며, 인간 위에 오만하게 군림하고, 인간 세상에 무관심하며 매정하다. 대부분 신들은 강렬한 질투와 욕망으로 서로를 이용하고 비열하게 자신을 지켜나간다. 신들의 놀음에 피해자는 인간이다. 바빌로니아 신화에서 마르둑과 티아맛, 가나안 신화에서 바알과 얌, 이집트 신화에서 이시스와 호루스의 대결은 서로를 지배하려는 신들의 서열과 농경사회에서 기후를 관장하는 신들의 우위성을 정당화하고, 인간은 끊임없이 신을 숭배해야하는 노예와 같다. 재앙을 피하고 삶의 풍요를 보장받기 위해서 인간은 지속적으로 신들을 위로하고 비위를 건드리지 말아야한다. 변덕스럽고 공포를 조장하며 때로 비겁하기까지 한 신들은 언제 어떻게 분노를 쏟아낼지 모르기 때문이다. 일상에서 경험하는 자연현상을 신들의 역할로 이해했던 고대인들에게 하루의 삶은 물론 그들의 운명이 신에게 달려 있다고 믿었다. 따라서 사람들은 자신들이 만들어 놓은 다양한 신의 형상 앞에서 빌고 빌며 절하고 절한다.

하지만, 주 하나님은 인간이 만든 어떤 모양이나 형상으로 보이고 숭배 받는 신이 아니다. 창조주로서 세상을 향해 주권을 행사하실 뿐 아니라 인간역사에 관여하신다. 하나님은 세상을 향하여, 사람을 향하여 구체적이며 실질적으로 반응하신다: "나 주는 너를 이집트 땅 종으로 있었던 집에서 데리고 나온 네 하나님이다."출20:1; 신5:6; 호13:4 이 역사적 사건으로 신은 인간과 새로운 관계를 맺으신다. 주 하나님은 사람을 선택하시고, 선택받은 사람은 하나님 부르심을 받아들인다. 하나님은 이집트 다신문화 속에서 종살이하던 사람들에게 오직 주님만이 그들의 하나님 이심을 선포하시며 해방과 자유를 선물하신 것이다. 새로운 언약관계를 받아들인 사람들은 이제 인간의 존엄성과 자유는 자신의 권리를 주장함에 있어 의무를 동반하는 책임이 있다는 사실을 알게 된다. 하나님과 나의 관계를 받아들인다는 것은 하나님을 향한 신뢰와 헌신이 요구된다. 언약은 서로를 향한 헌신과 순종이기 때문이다. 하나님은 선택한 사람들을 향하여, 선택에 응답한 사람들은 하나님을 향하여 보여주는 서로를 향한 신실함이다.

아브라함 요수아 헤셸Abraham Joshua, Heschel은 하나님의 적극적인 인간 역사 참여와 돌봄을 "하나님 페이소스Divine pathos"라고 정의한다.[13] 헤셸이 의미하는 하나님의 페이소스는 신의 본질적인 거룩한 성품이나 절대적인 불변의 어떤 것을 의미하는 것이 아니라, 인간역사 안에서 일어나는 사건들로 인해 인간 삶에 참여하시는 하나님에 대한 신학적인 이해다. 하나님 페이소스는 신의 선하신 속성에 대한 개념적 이해가 아니라 생명력을 지닌 살아있는 돌봄이다; 변하지 않는 신의 내적 속성에 대한 본보기가 아니라, 개방적이고 밖을 향한 도전으로서 하나님과 인간의 역동적인 관계다; 단순한 감정이나 수동적으로 받아들이는 감동이 아니라

---

13) Abraham Joshua Heschel, *The Prophets*, Perennial Classics (New York, NY: HarperCollins Publishers, 2001, first print, 1962). 번역본을 참조하시라. 아브라함 J. 헤셸, 「예언자들」이 현주 옮김 (서울: 삼인, 2004)

다양한 영적 요소들을 구성하는 태도다; 단순히 세상에 대하여 관념적으로 관망하는 것이 아니라 열정적인 참여다.[14)]

헤셸이 이해하는 하나님 페이소스는 일반 문학작품에서 그려내는 페이소스로서 인간의 열정, 연민을 자아내는 동정심이나, 비극적인 고통과 슬픔을 감내해야하는 상황에서 드러나는 비련을 표현하는 감정이 아니다. 다시 말해 윌리엄 셰익스피어의 4대 비극이라고 알려진 햄릿Hamlet, 오셀로Othello, 리어왕King Lear, 맥베스Macbeth의 중심주제 안에 흐르는 주인공들의 비극이나, 극단의 슬픔을 드러내는 비애감이 아니라는 것이다. 헤셸이 이해하는 하나님의 페이소스는 하나님의 세상을 향한 관심이고 인간을 향한 실질적인 돌봄이다. 하나님은 인간의 악과 고난, 고통과 슬픔을 방관하시는 분이 아니라, 그러한 상황이 일어나는 인간 삶의 현장을 통해 영향 받으시고 그로인해 반응하신다. 하나님은 단순히 신으로서 명령하고 복종을 요구하는 것이 아니라, 인간의 역사 안에서 일어나는 사건들로 인하여 기쁨과 슬픔, 분노와 심판, 긍휼과 용서, 은혜와 치유, 자비와 사랑 등의 감정을 드러내신다. 헤셸은 인간역사에 참여하시는 하나님의 페이소스를 다음과 같이 정리한다.

> 하나님은 결코 중립적이지 않으시며, 결코 선과 악 저 너머에 계시지 않다. 하나님은 언제나 정의의 편에 계신다. 하나님 페이소스는 인간의 경험에 대한 평판이 아니라, 인간 경험의 대상에 대한 평판이다. 그것은 예언자들이 만난 어떤 것이며, 자연에서 일어나는 것과 마찬가지로 역사 속에서 빈번하게 일어나는 사건들, 현재도 여전히 진행 중인 어떤 것이다….
> 요약하면, 하나님 페이소스는 영원한 것과 일시적인 것, 의미가 분명

---

14) 위의 영문 책, 289쪽.

한 것과 신비적인 것, 형이상학적인 것과 역사적인 것이 연합하여 하나로 통일된 것이다. 하나님 페이소스는 하나님과 인간과의 관계, 창조주와 피조물과의 관계, 이스라엘의 거룩하신 분과 그의 백성과의 대화에 진정한 바탕을 이룬다. 예언자들의 예언적 특성은 미래를 바라보는 선견지명이 아니라, 하나님의 페이소스를 인식하는 통찰력이다.[15]

그렇다. 하나님은 인간을 초월하여 단순히 신으로 존재하고 군림하고 심판하는 분이 아니다. 하나님 존재는 인간의 언어와 개념으로 정의할 수 없는 신비지만, 거룩하신 하나님은 자기 백성의 삶의 현장에 계신다. 하나님이 스스로를 계시하셔서 인간과 맺으신 관계 안에서 우리와 더불어 계신다. 하나님 심판은 단순히 반역에 대한 채벌이 아니라, 인간의 역사에 관여하시는 하나님의 관심이다. 인간 안에 있는 불의와 악이 하나님을 향한 마음을 유혹하고 훼방할 때, 인간을 일깨워주시는 하나님의 돌봄이다. 하나님을 찾고, 하나님께 돌아오도록, 하나님은 사람을 부르신다: "배역한 자녀들아 돌아와라."렘3:14 "나는 너희 가운데 있는 거룩한 하나님이다."호11:9b 이 하나님의 하나님 되심을 드러내는 사랑이, 그의 백성을 향하여 어떤 환경에서도 변함없이 신실하심을 보여주는 하나님의 헤세드다.

하나님이 선택하신 사랑

성서신학 관점에서 하나님과 인간[나]의 관계는 한 사람, 한 공동체[이스라엘]를 사랑하시고 선택하신 하나님 주권에서 시작된다. 하나님 선택은 선택된 사람이나 공동체의 우수성에 바탕을 둔 것이 아니라, 하나님 사랑

---

15) 위의 영문 책, 298쪽.

을 통한 유일한 관계형성에 기반을 둔다. 하나님의 자기 백성 선택의 핵심을 이루는 구약성서 본문은 이미 머리글에서 제시한 신명기 7장 6-8절이다. '하나님의 선택'은 '하나님의 백성'을 이해하는 구약성서의 중요한 핵심개념이다. 거룩하신 하나님은레11:44,45, 19:2, 20:26, 사람을 거룩한 백성으로 선택하시고레20:7; 신7:6, 14:21, "나는 네 하나님이 되고, 너는 내 백성이 되는" 언약관계를 약속하신다. 참조, 출6:7; 레26:12; 렘11:4; 시95:7 이 관계 안에서 선택받은 사람은 이제 부르심을 따르는 거룩한 윤리적 책임을 감당해야 하며, 언약과 토라에 대한 의무적인 책임과 순종을 실천해야 한다. 출20장; 신4:44-26:19

신명기 저자는 하나님이 그의 백성을 선택하신 것은 단순한 현재의 사건이 아니라, 선조들로부터 전승되었음을 강조한다. 신1:8, 6:10, 9:5, 10:11, 30:20 성서 저자들은 하나님이 사람을 선택하신 이 관계 이해를 주로 직유나 은유로 묘사한다. 하나님이 선택하신 백성과 얼마나 친밀한 관계를 기뻐하시며, 사람을 사랑하시며, 인간이 왜 하나님을 떠나서는 바르게 살 수 없는지를 구체적으로 설명하는 문학형태의 도구다. 활용된 은유의 표현을 살펴보면, '부모와 자녀관계' 출4:22; 렘3:19, 31:9; 호11:1, '부부관계' 호2:19-20; 렘2:1-7, 3:20; 사50:1, 54:5-6; 겔16; 23, '주종관계' 레25:55; 신32:36; 사41:8-9, 42:19, 43:10, 44:1-2, 45:4,11, '주인과 소유기업' 출34:9; 삼상10:1; 시28:9; 33:12, 74:2, 78:62,71, 94:5, 106:5,40; 렘12:7,8,10, '도공과 진흙' 렘18:1-10; 사64:8, '농부와 포도원' 사5장; 렘 2:21, '목자와 양' 민27:16-17; 시78:52-56, 95:6-7; 사40:10-11; 렘23:1-2의 관계로 그려진다.

부르심에 대한 응답의 요구조건은 단순하다. 하나님을 경외하고 하나님이 인생에게 주신 말씀 안에서 사는 것이다. 이로서 사람은 하나님 사랑을 알고 하나님이 누구신지를 안다. 하나님 명령을 따르는 것은 인간이 신을 섬기는 계율이 아니라, 세상의 악으로부터 구원받은 자유인, 세속의 차등가치로부터 해방된 평등한 여자와 남자, 형제와 자매된 하나님 백성으로 사는 인간의 본분이다. 하나님은 사람을 사랑하셔서 거룩한 백성으로 구별하셨고, 인간 삶의 복과 생명의 기본인 토라에 순종하는 책임을 요구하신다.신30:15-20 하나님의 선택과 부름 받은 사람의 순종은 서로에게 속한 것이다. 하나님은 사람에게 신실해야 하며 사람은 하나님께 신실해야 한다. 이 역할수행의 원리가 헤세드다.

다윗 왕조의 선택

선조들에게 약속한 땅 가나안에 정착하기 시작한 하나님 백성의 초기 생활은 지파연맹체 사회구조를 형성하고 있었다. 하지만, 블레셋의 지속적인 침략과 탈취를 방어하기 위해 중앙집권적인 체제정비를 강화하면서 왕조국가 체제를 구성하기에 이른다. 사무엘상 8장은 당시 지파연맹체의 정치종교 지도자로서 중요 직임을 맡고 있는 사무엘에게 백성이 왕조체제를 요구하는 내용을 담고 있다. 사무엘은 이는 주 하나님을 반역하는 일이며 왕조국가체제의 폐단을 설명하며 고민한다. 하지만, 사무엘상 9장에서는 하나님께서 백성의 원하는 바대로 그들을 돌아보시고 지도자를 허락하시므로 왕조국가의 설립을 긍정적으로 받아들인다[16]. 하지만, 이스라엘 역사 속에서 왕조체제는 긍정적인 평가로만 드러나지 않는다. 또한, 왕권은 하나님으로부터 위임받는 것이며, 실제적인 통치자는 주 하나님이시다. 포로후기 재정립 과정을 거쳤다 해도, 신명기법에서는 이스라엘 왕에 대한 법규를 다루고 있다.신17:14-20 왕은 근동지역의 왕조국가가 추구하는 왕의 절대 권력과 신의 아들로서 통치가 아니라, 주님의 토라를 평생에 옆에 두고, 토라의 모든 규례를 지켜 행하며, 형제자매들을 겸손히 섬기는 직임이다.신17:18-20

이 직임을 다윗이 왕이 되었을 때, 하나님은 헤세드로 언약하신다. 사무엘하 7장은 나단 선지자를 통해 이 약속이 주어졌다고 기록한다. 사울 가문과의 긴 갈등이 정리되고 다윗은 이스라엘 통일왕조를 구성한다. 당시 예루살렘이 있는 시온성은 강력한 여부스족이 거주하고 있었다. 다윗과 그의 용사들은 시온성을 점령하여 다윗성이라 이름하고 하나님의 궤 법궤, 언약궤로도 불림를 안치하니 예루살렘은 정치종교의 중심지가 된다. 하나님은 다윗에게 사사들을 통해 이끌었던 지파연맹체제와는 다르게 나라를 세워 굳건하게 하며, 후세대를 통하여 왕위를 영원히 견고히 세우도록 하겠다고 언약하신다. 하나님은 그들에게 부모가 되시고, 그들은 하나님의 자녀가 되어 하나님의 헤세드로 이 관계를 영원히 보전케 하실 것을 약속하신다.삼하7:11-16=대상17:10-14 하지만, 언약에는 책임이 따른다. 하나님 백성이 죄를 지으면, 사람들이 자녀들을 매로 때리거나 채찍질로 훈계하듯이, 하나님은 그들을 징계하실 것이다.

성전에 올라가는 순례자의 노래로 알려진 시편 132편은 선택된 다윗왕조와 선택된 거룩한 장소 시온을 찬양한다. 어떤 축제에서 구체적으로 읽혀졌는지 알 수 없으나, 아마도 초막절 축제구약성서 절기로 일곱째 달, 9월 중순에서 10월 중순가 시작되는 첫날, 거룩한 집회를 알리는 의식이 진행될 때 부른 노래였을 가능성이 크다. 시온 산은 열두지파의 중앙 성소 예루살렘이 위치한 곳이다. 시인은 하나님께서 다윗에게 맹세하셨으니 주의 성실하심으로 그 약속을 지켜주실 것을 간구한다.10,11 또한, 하나님이 거처를 삼으신 시온에 사는 백성에게 풍족히 먹을거리를 공급하시며, 성전에서 봉사하는 제사장들을 의롭게 하심을 찬양한다.14-16 시인은 주 하나님은 세상을 향해 주님이 택하신 백성을 위해 베푸시는 주의 능력과 은혜를 알게 하시려고 다윗왕조와 시온을 택하셨다고 노래를 마무리한다.

시편 89편은 다윗왕조를 통해 자신들의 정체성을 이해하는 이스라엘의 신학적인 핵심을 담고 있다. 하나님과 이스라엘의 관계를 표현하는 중요한 어휘들, 이 변함없이 지속적인 사랑을 담은 헤세드가 일곱 번, 진리와 신실함을 의미하는 에메트/에무나가 여덟 번, 언약을 말하는 베리트가 세 번이나 사용되었다. 이들 중 헤세드와 에메트/에무나는 접속사로 연결되어 쌍으로 여섯 번 사용된다. 문학구조가 6연 51행으로 이루어진 시편 89편은 선택된 다윗왕조와 버림받은 다윗왕조를 주제로 한다.

이 시에서 하나님 헤세드는 시인의 영원한 노래다. 제1연$^{1-4}$은 "나는 주님의 변함없이 지속적인 사랑헤세드을 영원히 노래하며, 그의 진실하심을 내 입으로 대대에 알게 할 것입니다"로 시작한다. 하나님은 헤세드를 영원히 세우시며 그의 진실하심을 견고하게 하심과 같이, 다윗을 선택하셔서 언약을 맺으시고 후손들을 견고케 하셔서 왕위를 세우셨음을 선포한다. 제2연$^{5-8}$은 주 하나님은 세상의 어떤 신들과도 비교할 수 없는 분이시다. 이스라엘 역사에서 똑같이 고백되는 주 하나님의 주권이다. 시인은 신들 중에 주님과 견줄 수 있는 자는 아무도 없음을 선포하며 하나님의 주권을 확증한다. 제3연$^{9-14}$은 바빌로니아 신화에서 혼돈을 다스리는 바다의 신 라합을 등장시켜 창조주 하나님의 위엄을 선포한다. 하늘과 땅에 속한 모든 것을 주 하나님이 창조하셨으며 라합도 피조물에 불과하다.^{10,11} 창조주 하나님의 보좌는 공의와 정의로 이루어졌으며, 하나님의 변함없는 사랑헤세드과 진실하심이 하나님 보좌를 두루고 있다.^{14}

이 하나님 헤세드와 진실하심이 하나님 백성을 보호하시는 방패가 되고, 그 은총을 받는 사람들은 행복하다고 제4연$^{15-18}$은 노래한다. 제5연 $^{19-37}$은 하나님 헤세드로 다윗왕조를 택하시고 언약을 맺으심에 대한 찬양이다. 하나님은 악한 자들에게서 다윗을 보호하시며 그와 함께하므로 하나님이 선택한 왕의 권위를 높여주신다. 다윗을 향한 하나님의 사랑과 은총헤세드은 영원히 지켜질 것이고, 그와 맺은 언약은 견고히 설 것이다 ^{28}. 만약 다윗의 후손들이 하나님 말씀을 떠나 언약을 파기할지라도, 그들이 행한 대로 벌은 받겠지만, 하나님의 긍휼을 베푸시는 사랑헤세드과 신실하심은 남겨두시는 분량이 있다고 시인은 고백한다.[33]

그러나 아마도 예루살렘의 멸망을 지켜봐야 했을 시인은 다윗왕조를 하나님이 버리셨다고 한탄한다. 마지막 6연[38-51]은 멸망한 왕조를 바라보는 슬픈 탄식이다. 하나님은 주의 종에게 진노하시고 그를 버리셨으며 그와의 언약을 미워하셨다고 울부짖는다.[38,39] 시인이 바라보는 언약파기의 결과는 비참하다. 왕의 존귀함과 위엄을 상징하는 왕관은 땅에 내동이쳐지고, 성은 훼파되고 탈취를 당하며, 백성은 조롱거리가 되었다. 시인은 묻는다. 하나님의 신실하심으로 다윗에게 약속하신 그 은총헤세드이 어디 있냐고… 다 거두지 않으시고 남겨둔 긍휼하심헤세드이 어디 있냐고… 이 시인의 답은 이사야의 예언 메시지에 있다. 이제 포로생활이 막바지에 이르렀을 즈음 자유의 문이 열린다.

> 너희는 귀를 기울이고 내게 나와서 들어라
> 그러면 너희 영혼이 살 것이다
> 내가 너희를 위하여 영원한 언약을 맺을 것이니
> 이것은 다윗에게 베푼 나의 확실한 은혜헤세드다.[사55:3]

반세기 가까운 포로생활을 마치고 하나님이 다윗에게 약속하신 확실한 은혜로 그 땅에 다시 돌아온 후손들이 현재에 이르도록, 남겨두신 하나님 헤세드의 증거다. 하나님의 변함없는 긍휼하심과 은혜 안에서 한 개인의 삶도, 한 왕조의 전통과 역사도 숨 쉰다.

언약을 파기당한 하나님

불행하게도 선택한 백성의 역사 속에서 언약은 지속적으로 파기되고 하나님은 잊혀진다. 사랑으로 선택한 사람들에게 버림받고 잊혀진 하나님! …

> 이집트 땅에서부터 나 주는 네 하나님이다
> 너는 나 말고는 다른 신을 알지 못했다
> 나 외에는 다른 구원자가 없다
> 내가 그 광야 마른 땅에서 너를 알았으며 [먹이고 살렸다]
> 그들이 잘 먹은 대로 만족하였고, 만족하니 마음이 교만해져서
> 나를 잊어버렸다. 호13:4-6

> 그들이 그들의 길을 비뚤어지게 만들며
> 그들의 하나님 주를 잊어버렸다. 렘3:21b

> 네가 나를 잊었고 나를 네 등 뒤로 차버렸다. 겔23:35a

하나님 백성의 언약파기는 이방신의 제의에 참여하는 우상숭배에서 비롯된다. 이 행위는 언약파기뿐 아니라 하나님이 인간에게 삶의 원리로 수여하신 말씀 중 첫째, 둘째 명령을 어기는 것이다: "내 앞에서 너를 위하여 다른 신을 두지 말아야 한다; 너를 위하여 새긴 우상을 만들지 말고, 위로 하늘에 있는 것이나, 아래로 땅에 있는 것이나, 땅 아래 물속에 있는 어떤 모양도 만들지 말아야 한다." 출20:3,4 하나님을 떠난 사람들의 삶은 세속의 가치를 고대 근동지역에서 성공한 삶을 추구하는 가치는 인간의 '지혜'와 풍요를 누릴 수 있는 '부'와 용맹을 떨칠 수 있는 '힘'에 있었다 추구하는 삶이다. 참조, 렘9:24 주께서 주신 토라 안에서 살겠노라고 언약을 비준했던 사람들 출24:1-11; 신27:11-28:68; 수8:30-35과 그 후손들은 하나님이 주신 땅에서 점

차 다원화되고 혼합된 종교의 신들을 숭배하고 다양한 종교의식을 수행하며 살아간다.

기원전 8세기 중엽 정경예언자들의 메시지는 당시 사회상황의 총체적 위기를 증언하고 있다. 하나님 백성으로서 언약공동체를 이끌어가는 핵심이 되는 토라를 무시한 사회기강의 혼란, 정치 지도자들의 권력남용과 횡포, 종교지도자들의 타락과 거짓 예언, 하나님을 향한 신실한 예배가 사라진 혼합 종교의식 등을 지적하며, 각 분야의 지도층을 향해 그들이 자행하고 있는 사회적, 정치적, 종교적 학대를 고발한다. 언약공동체를 향한 자신들의 비판이 아니라, 하나님 말씀을 맡아 대언하는 예언자들은 종교지도자들과 갈등을 초래해야 했고암7: 10-17, 사회에서 소외될 수밖에 없었다.호9:7-9; 미2:6이하; 사8:11이하 하지만, 예언자들이 전한 하나님 말씀은 시대를 초월하여 여기, 우리 시대를 똑같이 조명하고 있다. 신은 잊혀지고 사람이 신이 되었다.

토라를 무시한 사회는 정의가 설 곳이 없다. 정의와 공의가 실현되지 않는 사회의 가장 현실적인 부분은 경제 질서의 혼란이다. 먹고사는 일이 불공정하게 이루어진다. 삶의 터전이 위협 받는다. 땅은 하나님께 속한 것이다: "그 땅을 영구적으로 팔지 말아야한다, 그 땅은 내게 속했기 때문이다. 너희들은 나그네요 잠시 머무는 자로 나와 함께 있다."레25:23 땅은 하나님이 그 백성에게 선물로 분배해주신 삶의 터전이며 각 가문의 유산으로 세대를 통해 소유하는 것이다. 따라서 경제적인 이익을 창출하기 위해 사고파는 부동산이 아니다. 그런데 이 땅이 죄악으로 오염되고호4:1-3, 부동산 투기로 사들여서 고급 주택들을 건축하고사5:8, 한집안의 기업을 강제로 탈취하기도 한다고 예언자들은 고발한다.암8:4; 미2:2, 9 이는 부자들이 가난한 사람들을 상대로 저당과 빚을 내는 악법을 만들어서 가난한 사람들을 학대하는 현실을 고발한 것이다. 공동체에 소속된 형제에게서 이자를 받거나 저당물을 소유하지 못하도록 법적으로 금지한다.출22:25-27; 레25:36-37; 신23:19 그런데 현실은 빚을 갚지 못하면 종으로 팔기까지 한다.암2:6, 8:6 이렇게 탈취한 땅에서 부자들의 행위는 고급저택을 짓고, 파티와 오락을 즐기며, 고급 포도주에 중독된 삶을 산다.사5:8-12; 암3:10,15, 4:1, 5:11 시장에서 상도는 이미 무너졌다. 저울 눈금을 속여 이득을 남기는 것이 즐거움이 된 사회다.암8:5; 미6:10-11 더하여 당시 사회에서 가장 약자들로서 복지혜택이 법적으로 규정된 과부, 고아, 나그네들까지 무시하고 학대한다.사1:23, 10:1-4; 미3:1-3,9,11 억압과 착취로 부자는 더욱 부자가 되고, 가난한 자는 더욱 가난해질 뿐이다.

정치, 종교 지도자들은 권력의 탐욕과 불의하게 얻은 자리 지키기에 급급하여 국가의 안전과 백성의 안녕에는 관심이 없다. 북 왕국 이스라엘 사마리아에서는 쿠데타가 빈번하게 일어나고호7:7, 8:4, 신하들은 거짓과 아첨에 능한 자들이다.호1:4, 7:3-7 남 왕국 유다의 정치 지도자들도 예외는 아니다. 자기 백성을 속이는 교만하고 거짓된 자들이며사7:13, 28:14-15, 학대를 일삼는 자들이다.미3:1-4 또한, 하나님을 신뢰하고 국가의 안녕을 도모하기보다, 주변국들의 눈치를 살피며 군사력을 의지하려고 강성한 나라들과 교차적으로 약삭빠르게 조약을 맺고 매달린다.사30:1-5, 31:1-3; 호5:12-14, 8:9-10, 9:3 종교지도자들은 예물탈취와 뇌물에 탐닉한다. 제사장들은 제단을 더럽히고 먹고 살려고 일하며호4:6-10, 5:1이하; 암2:8; 미3:11, 진실한 예언자들을 핍박한다.암2:12, 7:10-17 성전에서 제사장들과 함께 공적인 업무를 담당했던 선지자들은 뇌물을 받고 거짓 예언을 한다.미3:5,11 가난하고 힘없는 사람들이 의지할 곳은 없다.

이러한 사회구조와 환경 속에서 하나님께 드리는 예배는 정치 종교지도자들, 그들과 연합하여 부를 축적하는 귀족들의 풍성한 종교의식으로 변질한다. 제물은 겹겹이 쌓여 있고 향냄새가 진동하며사1:11-14; 미6:7,

악기연주와 노래소리가 드높고^{암5:21-23}, 이방 풍속을 따르는 제의행위가 넘쳐난다.^{호4:11-14, 13:1-2} 제사장들과 선지자 중에는 포도주와 독주를 탐닉하며^{사28:7}, 성적으로 타락한 자들도 있다.^{호4:14,18, 9:1} 이스라엘의 하나님 야훼는 이제 경외함으로 예배해야 하는 유일하신 창조주 하나님이 아니라, 자신들의 권력과 풍요와 안녕을 지켜주는 신 일 뿐이며, 가나안의 바알과 아세라, 이집트의 아몬 레, 앗시리아의 식굿과 기윤, 모압의 그모스, 암몬의 밀곰, 바빌로니아의 마르둑 등과 다를 바 없다. 거룩한 하나님 백성으로서 언약공동체 안에서 윤리적 책임을 감당해야 하는 삶은 지도자들에게는 버거운 짐일 뿐이다. 안정되고 풍요를 보장받을 수 있는 땅에 정착해 살며 배부른 사람들에게는, 하나님과 신실한 관계 안에서 건강한 공동체가 필요한 것이 아니라, 기득권을 누리며 그것을 보장해 줄 수 있는 종교적 안위가 필요한 것이다. 안타깝게도 하나님을 떠난 사람들은 자신들의 정체성을 상실하고 결국 ― 남 왕국 유다에서는 정치, 종교개혁이 두 차례나 있었음에도 불구하고^{히스기야 왕과 요시야 왕의 개혁} ― 북 왕국 이스라엘은 기원전 721년 앗시리아에 의해, 남 왕국 유다는 기원전 587년 바빌로니아에 의해 멸망한다. 잊혀진 하나님은 침묵하시는가?

고통을 끌어안으시는 하나님

언약공동체를 이끌어가는 가장 기본적인 사회윤리는 정의와 공의를 실현하는 것이다. 주 하나님의 거룩하심은 정의와 공의로서 드러난다.^{사5:16} 하나님이 그의 백성에게 원하시는 참된 예배는 다양하고 풍요로운 종교의식이 아니라, 하나님이 누구이시며, 하나님이 그의 백성에게 원하시는 것이 무엇인지를 아는 것이다. 그것은 하나님 말씀에 순종함으로 하나님과 바른 관계 안에 사는 것이고, 공동체 안에서 공의와 정의를 실현하는 일이라고 예언자들은 거듭 강조한다.사1:16-17; 렘7:5-7; 호6:6; 암 5:24; 미6:8 그러나 하나님 백성은 하나님 선택에 대한 언약의 책임을 감당하지 못하고 언약공동체로서 삶에 실패한다.

호세아 시대, 하나님을 향한 이스라엘의 헤세드는 마치 해가 떠오르면 사라지는 아침 안개와 같다. 하나님과의 관계이해에 대한 진실은 사라지고 바람과 같은 기능적인 예배의식에 매달린다. 하나님이 누구이신지를 아는 것은 그들에게 필요치 않다. 그들이 원하는 대로 하나님은 언제나 그들을 치유하시고 회복시켜 주시면 그만이다. 진정한 예배가 무엇인지, 신실한 관계가 무엇인지 알지 못하는 사람들을 향해 호세아는 예언의 말씀을 전한다.

> 에브라임아 내가 네게 무엇을 행하랴,
> 유다야 내가 네게 무엇을 행하랴,
> 너희의 사랑헤세드은 아침 구름과 같고,
> 곧장 사라지는 아침이슬 같구나.호6:4

언약관계 안에서 하나님 백성으로서 지켜야 할 신실한 맹세로서 헤세드는 바람같이 사라지고, 풍성한 제의를 따라 그들의 입술은 주문처럼 반복한다: "우리가 주를 알자, 주를 알기 위해 열심을 내자."호6:3a

예언자 예레미야는 결혼 은유로 하나님과 이스라엘의 관계를 묘사한다. 남편 하나님에 대한 아내 이스라엘의 연애 시절과 신혼 시절의 사랑은 메마른 광야에서 신실하고 아름다웠다. 언약 안에서 맺어진 헤세드 사랑은 생명이 살 수 없는 황량한 광야에서 전적으로 남편의 은혜로 공급되는 한날 한날을 기대하고 신뢰하는 삶이었다. 낮에는 구름장막으로 사막의 열기를 피하게 하고 밤에는 불기둥으로 급격히 낮아진 기온을 따뜻하게 감싸 안아 온기를 보내 주었다. 남편은 여전히 그 첫사랑을 기억하며 거룩한 첫 열매로 그녀를 품고 있는데, 아내는 멀리 떠나 헛된 것을 따라가고 있다. 기름진 땅에서 달콤한 과일과 좋은 것을 먹은 아내는 이미 첫사랑을 잊었다.렘2:1-8

언약을 파기하고 하나님을 배역한 사람들에게 주어진 결과는 저주와 심판이다. 죄를 지었으니 마땅히 감당해야 할 업보業報요, 인과응보因果應報이며, 자업자득自業自得이다. 이것이 고대 근동지역사회에서 신과 인간의 관계를 이해하는 보편적인 해석의 한 관점이다. 인간이 이해하는 신은 사람이 신을 잘 섬기면 복을 주고, 정성을 드리지 않으면 화를 준다. 신들은, 판테온 신전에서 직위가 하위에 있는 신일지라도, 언제나 사람 앞에서는 추앙받고 찬양받기를 원한다. 신들은 인간 세상에 큰 영향력을 미칠 수 있다고 자만하며 인간의 끊임없는 섬김과 기도를 이끌어낸다. 신들은 공평하고 자비롭지만, 두렵고 어려운 존재이기도 하다. 따라서 신들과 인간은 서로를 유익한대로 이용하려 한다.

구약성서에서 하나님과 사람나의 관계는 '나는 네 하나님, 너는 내 백성'으로서 경외함과 사랑, 순종으로 이어지는 서로 간의 신뢰와 신실함으로 교제하는 사랑의 관계다. 성서저자들은 이 사랑을 이해하기 위해 배역한 자녀를 끝까지 기다리고 용서하는 부모, 남편을 떠나 다른 남자와 연애하며 방황하는 아내를 용서하고 사랑으로 품는 남편, 사나운 들짐승으로부터 양떼를 보호하고 마실 물과 먹을 풀이 풍성한 곳으로 인도하는 목자의 모습으로 그려낸다. 그러나 지속적으로 반역하는 인간에 대하여 과연 하나님은 언제나 인간을 용서하고 은혜를 베풀 수 있는가? 그렇다. 하나님의 페이소스로 인간의 죄와 고통을 끌어안으시는 하나님은 심판을 넘어 용서를 선택하신다. 하나님 스스로 인간의 고통에 참여하시는, 하나님의 가슴을 움켜쥐어야 하는 고통스러운 사랑이다. 호세아 11

장에서 배역한 하나님백성을 용서하시는 하나님 마음은 처절하다.

> 내가 부르면 부를수록 그들은 내게서 멀리 떠난다.
>
> 바알에게 희생제물을 불살라 바치고,
>
> 새긴 우상들에게 향을 불사른다.
>
> 내가 에브라임에게 걸음마를 가르치고 내 팔로 안아 주었건만,
>
> 내가 그들을 고쳐주고 치유하는 줄을 그들은 모른다.[2,3]

> 어떻게 내가 너를 포기하랴, 에브라임아
>
> 어떻게 너를 넘겨주랴, 이스라엘아
>
> 어떻게 너를 아드마[16]처럼 만들겠느냐?
>
> 어떻게 너를 스보임같이 두겠느냐?
>
> 내 심장이 지진이 일어나듯 뒤집어지는구나.
>
> 너를 향한 불쌍한 마음이 따뜻하고 부드럽게 나를 감싸는구나.
>
> 타오르는 나의 분노를 잠재우련다.
>
> 다시 에브라임을 파괴하지 않으련다.
>
> 나는 하나님이지 사람이 아니기 때문이다.
>
> 네 한가운데 거하는 거룩한 자다.
>
> 나는 진노로 임하지 않을 것이다.[8,9]

하나님을 잊고 떠난 사람들을 심판하기에 앞서, 오히려 그들을 향한 긍휼히 여기는 마음 때문에 마치 아드마와 스보임에서 일어났던 지진처럼 하나님 심장이 뒤집힌다고 표현한다. 죄를 범한 그의 백성 한가운데

---

16) 아드마와 스보임은 창세기 18, 19장에 지진으로 멸망당한 소돔과 고모라 지역에 있었던 성읍들이다.

거룩함으로 임재하신 하나님은 그들을 불쌍히 여기시므로 자신이 죄를 끌어안으신다. 잊혀진 하나님의 절대 잊지 않으시는 자기 백성을 향한 사랑이다. 사람의 죄를 끌어안아야 하는 하나님의 고통받으시는 사랑이다. 이 사랑이 파기된 하나님과 죄인의 관계를 회복시키는 새로운 문을 연다. 하나님의 고통받으시는 사랑이 하나님의 분노와 심판을 넘어선 것이다.

하나님 페이소스는 자기백성의 고난 속으로 하나님이 친히 동참하도록 이끈다. 이사야 예언은 어떻게 하나님이 이스라엘의 모든 환란에 함께하셨는지 고백한다. 예언자는 주님이 베풀어주신 변함없는 사랑헤세드을 기억하며 찬양한다. 주께서 이스라엘에 베푸신 모든 은혜, 그의 긍휼하심과 자비하심으로 베푸신 그 풍성한 헤세드 은총을 노래한다.^{사63:7} 주님은 사자나 천사를 보내서 그들을 구원하신 것이 아니라, 주께서 친히 그들의 고난의 현장에 오셔서 사랑과 긍휼로 그들을 구원하셔서, 옛적 오랜 세월동안 그들을 들어 올려 안아주셨다.^{사63:9} 그러나 그들은 반역하고 떠났다. 하나님은 떠난 사람들이 돌아오기를 기다리시는데 아무도 찾는 이가 없다고 예언자는 한탄한다. 제멋대로 가고 악한 길로 가는 사람들을 맞이하려고 하나님은 종일 팔을 벌리고 계시지만, 그들은 행운의 신 갓을 찾아가고 운명의 신 므니에게 달려간다.^{사65:2,11}

말씀하셔도 듣지 않고, 불러도 대답 없는 이들에게 분노하시는 하나님, 심판을 선포하시는 하나님을 잠잠히 침묵 속으로 안내하는 하나님의 페이소스, 하나님의 고통은 인간을 용서해야 하는 신의 영역이다. 지난 날의 괴로운 일들을 잊고 기억하지 않는 용서와 사랑으로 새로운 창조를 할 때 인간이 살길이 열리기 때문이다.^{사66:16,17} 이는 이미 포로생활을 하며 징계를 받는 사람들에게 약속하신 사랑이다.^{사54:7,8,10} 하나님 스스로 사람 가운데 임재 하셔서 고통과 슬픔을 감내하신 사랑이다.

예레미야 예언에서도 똑같은 하나님 사랑이 깨어진 관계회복의 문을 연다. 예레미야 30장 12-22에 따르면, 국가의 멸망을 바라보아야 하는 예언자에게 하나님은 그래도 희망이 있다고 말씀을 주신다. 심판을 면할 수는 없지만, 하나님 사랑이 그들을 새롭게 하실 것이라는 약속이다. 본문은 이스라엘의 죄악을 육체의 상처와 부상으로 표현하는데 이는 치유할 약도 없고 고칠 수도 없다.[12-14] 하나님은 죄에 대한 심판과 사람에 대한 사랑의 팽팽한 긴장으로 고통스러워하신다. 그러나 하나님은 이스라엘을 긍휼히 여기셔서 고치시고 치유하시고 회복시키실 것이다.[17-21] 다시 옛 언약을 기억시키고 관계를 회복시키실 것이다. 이는 하나님의 변치 않는 사랑 때문이다. 훈계와 책망으로 자식을 훈련하는 부모의 마음으로 그의 백성이 포로생활을 하게 하지만, 하나님의 긍휼하심은 그들을 기억하신다. 하나님이 택하신 거룩한 장소, 시온 산 예루살렘에 좌정하신 하나님이 아니라, 여전히 하나님은 그 백성 한가운데 계신다. 포로기 예언자 에스겔의 메시지는 이 사실을 거듭 강조한다. 예언을 전달할 때에 지속적으로 하나님이 누구이신지를 주격인칭대명사 1인칭 관점으로 확증한다: "나는 주 야훼다." "내가 주인 것을 너희가혹은, 그들이 알 것이다."

이스라엘은 그들이 하나님을 잊은 것 같이 그들도 잊혀져야 마땅하다. 그런데 하나님은 용서하신다! 하나님의 진노를 넘어서는 하나님 사랑은 새로운 관계회복의 전환점이 된다. 반역한 백성을 끌어안으신 하나님은 그들이 고향 땅, 하나님의 땅, 하나님이 선물로 주신 아름다운 삶의 터전으로 돌아오게 문을 여신 것이다. 선택한 백성에게 버림받았음에도 불구하고 하나님의 거룩한 속성에서 시작된 하나님 사랑의 능력은 사람의 죄를 끌어안으신다. 이 하나님 사랑 안에서 용서는 화해를 이끌어내고 하나님과 죄인으로 남겨진 조각이 다시 하나님과 하나님 백성의 관계로 맞추어진다. 이 사랑의 능력이 하나님 백성을 살게 하는 현재이며, 정의와 공의가 함박웃음을 웃는 미래를 보게 하는 희망이다.

> 너희는 내 백성이 되고, 나는 너희들의 하나님이 될 것이다. 렘30:22

> 영원한 사랑으로 내가 너를 사랑하였기에, 헤세드 사랑으로 너를 이끈다. 렘31:3

하나님의 헤세드를 경험한 사람들

하나님 헤세드는 하나님백성에게 구원이고 자유다. 악으로부터 지켜주는 은혜이며, 고난을 견디게 하는 능력이다. 삶을 지탱하게 하는 희망이고 힘이다. 하나님을 경외하며 사람을 사랑하며 살도록 안내하는 나침판이다. 무엇보다도 경건하게 하나님을 예배하도록 인도하는 변함없이 지속적인 사랑이다.

하나님백성을 구원하는 능력

출애굽기 15장은 이집트에서 해방된 사람들이 홍해를 건넌 후, 미리암과 모세의 인도로 소고를 잡고 춤을 추며 주 하나님의 구원 능력을 고백한 고대 이스라엘 노래다. 뒤쫓아 오던 파라오의 군사들을 삼켜버린 창일한 바다 한가운데를 마른 땅으로 건넌 사람들, 벅찬 감격으로 춤을 추며 얼싸안고 기쁨을 나누었을 사람들, 그들에게 화답한 미리암과 모세의 노래를 상상해 보라!

> 주님, 신들 중에 주님과 같은 이가 누구입니까?

주님과 같이 거룩하심으로 위엄이 있으며,

찬송할만한 경이로움이 있으며,

놀라운 일을 행하는 이가 누구입니까?

주님이 오른손을 뻗치시니 땅이 그들을 삼켰습니다.

주님의 사랑헤세드 안에서 구속하신 백성을 이끄시고,

주님의 힘으로 주님의 거룩하신 처소로 인도하십니다.[11-13]

아브라함과 사라에게 약속하신 대로 이집트에서 종살이하던 후손들을 기억하시고 그들을 이끌어내신 약속의 성취가 하나님의 변함없는 사랑, 헤세드다. 주 하나님은 그의 거룩하신 위엄으로 그 누구와도 비교할 수 없는 신이다. 이 유일하신 하나님의 성품이 구원한 백성을 긍휼히 여기시고 사랑하시는 헤세드다. 이제 하나님은 헤세드 사랑과 은혜로 선택하신 백성을 하나님이 거하시는 거룩한 곳, 약속의 땅으로 인도하시고 영원히 함께하실 것이다.

시편 136편은 하나님의 변함없이 지속적인 사랑 때문에 하나님의 주권과 구원능력을 고백하는 대표적인 감사 찬양이다. 전형적인 히브리 시 운율을 바탕으로 4연 26행으로 구성된 노래다. 시인은 한 행 한 행을 하나님의 변함없이 지속적인 사랑이 영원하다고 후렴구를 넣으며 감사 찬양을 완성한다.

주님께 감사하라 주는 선하시니, 참으로 그의 헤세드는 영원하도다.

신들 중의 가장 높으신 하나님께 감사하라,

참으로 그의 헤세드는 영원하도다.

주들 중에 가장 크신 주께 감사하라,

참으로 그의 헤세드는 영원하도다.

홀로 놀라운 일을 행하신 분이다, 참으로 그의 헤세드는 영원하도다.

지혜로 하늘을 지으신 분이다, 참으로 그의 헤세드는 영원하도다.

물 위에 땅을 세우신 분이다, 참으로 그의 헤세드는 영원하도다.

큰 빛들을 만드신 분이다, 참으로 그의 헤세드는 영원하도다.

해로 낮을 다스리게 하신 분이다, 참으로 그의 헤세드는 영원하도다.

달과 별들로 밤을 다스리게 하신 분이다,

참으로 그의 헤세드는 영원하도다.

이집트의 처음 난 것들을 치신 분이다,

참으로 그의 헤세드는 영원하도다.

그들 가운데서 이스라엘을 이끌어내신 분이다,

참으로 그의 헤세드는 영원하도다.

강한 손과 높이 드신 팔로 인도하신 분이다,

참으로 그의 헤세드는 영원하도다.

홍해를 둘로 나누신 분이다, 참으로 그의 헤세드는 영원하도다.

이스라엘을 그 가운데로 통과하게 하신 분이다,

참으로 그의 헤세드는 영원하도다.

파라오와 그의 군대를 홍해에 빠뜨리신 분이다,

참으로 그의 헤세드는 영원하도다.

주의 백성을 인도하여 광야를 통과하게 하신 분이다,

참으로 그의 헤세드는 영원하도다.

위대한 왕들을 치신 분이다, 참으로 그의 헤세드는 영원하도다.

유명한 왕들을 내리쳐 죽인 분이다,

참으로 그의 헤세드는 영원하도다.

아모리인의 왕 시혼을 치신 분이다,

참으로 그의 헤세드는 영원하도다.

바산 왕 옥을 치신 분이다, 참으로 그의 헤세드는 영원하도다.

그들의 땅을 유산으로 주신 분이다,

참으로 그의 헤세드는 영원하도다.

주의 종 이스라엘에게 유산으로 주신 분이다,

참으로 그의 헤세드는 영원하도다.

우리 수치스러움 가운데 우리를 기억하신 분이다,

참으로 그의 헤세드는 영원하도다.

우리 원수들에게서 우리를 구원하신 분이다,

참으로 그의 헤세드는 영원하도다.

모든 육체에게 밥을 주신 분이다, 참으로 그의 헤세드는 영원하도다.

하늘의 하나님께 감사하라, 참으로 그의 헤세드는 영원하도다.

　시인은 공동체를 향해 하나님께 감사드리며 찬양하도록 초대하는 부름으로 노래를 시작한다. 제1연[1-3]은 주님은 그 어떤 신들과도 비교할 수 없는 하나님이심을 고백한다. 제2연[4-9]은 창조주 하나님을 찬양한다. 하나님의 일하심은 인간이 한정할 수 없는 경이로움이다. 어떤 신들과도 비교할 수 없는 창조주 하나님 야훼가 자기 백성을 구원하신다. 제3연[10-16]은 이스라엘의 함축된 구원역사의 고백이다. 하나님은 이집트인들의 압제와 핍박 속에서 고통당하며 종살이하던 사람들을 구원하셔서 그 험난한 광야의 삶을 인도하신 분이다. 이 시의 종결부분인 제4연[17-26]은 요르단 동쪽에 위치한 땅의 소유에 대한 고백과 더불어, 모든 인류에게 양식을 주시는 하나님의 보편적인 사랑과 공급으로 끝맺음한다. 약속의 땅을 앞에 두고 요르단 동편에 있던 가장 강한 족속들, 아모리인 왕 시혼과 바산 왕 옥을 정복하게 하신 하나님을 찬양한다. 하나님 앞에서 악한 민족을 멸망케 하시고 선택한 사람들에게 그 땅을 유산으로 허락하심에 대한 고백이다. 르우벤 지파와 갓 지파, 므낫세 지파의 반은 요르단 동쪽의 땅을 분배받았다. 시인은 마지막 두 행에서 모든 인생들에게 식량을 공급하시는 하나님의 보편적인 사랑을 고백하며, 노래의 처음 시작과 똑같이 가장 높으신 하나님께 감사할 것을 안내하며 마무리한다.

여기서 헤세드는 하나님의 주권과 능력, 영광을 드러내는 "선하심"이다. 모세가 하나님께 영광을 구했을 때 하나님은 "나의 모든 선한 것"을 네 앞에 지나가게 하겠다고 말씀하신다.^{출33:19} 하나님의 하나님 되심이다. 인간역사 속에서 일하시는 창조주 하나님의 권능이다. 그 백성 가운데, 그들이 하나님을 반역함으로 초래한 수치스런 삶의 현장에서 조차도, 변함없이 그들을 기억하시는 사랑이고 은혜다. 또한, 이 사랑은 택한 백성에게 국한되는 것이 아니라, 창조주 앞에서 모든 육체가 먹을거리를 공급받는 은혜다. 인류에게 공평한 햇빛과 비를 주시듯 생명을 지키도록 밥을 주신다. 하나님의 현존, 그 영광의 임재 앞에 인간은 잠잠할 뿐이다.

시편 107편도 공동체가 하나님의 헤세드와 인생들에게 베푸신 은혜를 감사하는 찬양이다. 찬양으로의 부름은 시편 136편과 똑같다: "주님께 감사하라 그는 선하시니, 참으로 그의 헤세드는 영원하도다." 전체 6연으로 구성된 시의 중심주제는 하나님의 구원능력을 경험한 상황들을 열거하며 하나님의 변함없는 사랑을 노래한다. 제1연, 6연을 제외하고, "주님의 사랑헤세드과 인생에게 행하신 그의 놀라운 기적으로 인하여 찬양하라"로 각 연이 마무리된다. 하나님 헤세드의 영원함으로 찬양의 문을 연 시인은, "지혜 있는 사람은 이러한 일들을 지켜보고 주님의 은혜헤세드를 스스로 깨달아서 알라"고 충고하며 문을 닫는다.

제1연¹⁻³은 찬양으로의 부름이다. 주께 구속함을 받은 사람들은 그 구원을 선포하라고 요청한다. 제2연⁴⁻⁹은 광야 길을 인도하셔서 안전하게 거주할 삶의 터전을 주신 하나님의 은혜를 찬양한다. 제3연10-16은 주님의 말씀을 거역하고 흑암과 사망의 그늘에서 환난 당한 자들이 하나님께 부르짖으니, 구원하신 은혜에 대한 고백이다. 제4연17-22은 어리석은 자들이 악을 따라 살다가 죽음에 이른 고난 속에서야 하나님께 돌아오니 구원하신 은혜를 찬양한다. 제5연23-32은 어부들이 바다에서 광풍을 만나 혼비백산 되어 하나님께 구원을 요청할 때, 바람과 파도를 잠재우고 그들을 안전하게 항구로 인도하신 은혜에 대한 기쁨이다. 제6연33-43은 자연생태계의 변화는 창조주의 손에 있음을 선언한다. 사람들이 악으로 땅을 오염시키면, 하나님은 옥토를 소금밭으로 만들기도 하시지만, 마른 땅에서 샘물이 나게 하시므로 주린 자들로 삶의 터전을 이루게 하신다. 거만한 부자들과 지도자들은 자기 멋대로 악을 따라 방황하게 하시지만, 가난한 자들을 고통에서 건지시고 양떼를 보호하듯 그 가족을 지켜주신다. 인생의 고비, 어느 곳 어떤 환경에서 살든지, 고난을 경험할 때, 하나님 사랑은 삶을 구원하는 능력이며 소생케 하는 원천이다. 하나님 헤세드는 언제나 여기, 하나님 백성의 삶의 현장에 변함없는 현재다.

고라 자손의 교훈으로 소개되는 시편 44편은 주변국의 침략으로 패배하고 고통당하는 이스라엘 공동체의 상황을 하나님께 고백하며, 헤세드의 긍휼과 사랑으로 구원하여 주실 것을 간구하는 기도다. 제1연1-3에서 시인은 이스라엘의 구원역사는 창과 칼에 있었던 것이 아니라, 하나님 능력으로 이루어진 것이며, 이는 하나님이 그의 백성을 기뻐하셨기 때문이라고, 조상으로부터 전승된 구원역사를 회고한다. 그러니 현재도 하나님 이름을 의지하고 감사하는 하나님 백성을 구원해 달라고 믿음을 고백하는 내용이 제2연4-8이다. 그런데 제3연91-16에서 반전이 일어난다. 하나님은 그의 백성을 적들 앞에서 흩으시고 싼값에 적들에게 넘겨주었다고 한탄한다. 하나님 백성이 무고하게 공격당하고 참패하여 조롱당하고 수치 가운데 있음은, 하나님이 함께하지 않으셨기 때문이라고 불평한다. 자신들이 패배한 것 때문에 하나님은 아무 유익을 얻지 못하셨다고 항의하듯 고백한다. 왜냐면 이 능욕의 상황이 무슨 의미인지 백성은 깨닫지 못하고 있기 때문이다. 이스라엘은 자신들이 무고하다고 생각했던 것처럼8, 제4연17-22에서도 시인은 공동체의 무고함을 주장한다. 하나님과의 언약을 잊지 않았으며, 하나님 이름을 잊지 않고 다른 신을 따르지 않았다고 결백을 호소한다. 그러니 일어나 헤세드로 하나님 백성을 구원하라고 마지막 제5연23-26에서 호소한다.

> 일어나십시오,
> 아 주님, 어찌하여 주무시고 계십니까?
> 깨어나십시오, 우리를 영원히 버리지 마십시오.
> 어찌하여 주님의 얼굴을 숨기십니까?
> 어찌하여 우리의 고난과 압제를 잊으십니까?
> 우리 영혼이 먼지 속에 엎어졌고,
> 우리 육체가 땅바닥에 걸쳐 있습니다.
> 일어나 우리를 도와주십시오.
> 주님의 은혜헤세드로 말미암아 우리를 건져주십시오.

공동체의 간구는 폭발적이다. 하나님이 자신들에게 다시는 관심이 없으심에 대하여 저항하듯 쏟아낸다. 그들은 현재의 고통이 자신들의 잘못에 있다고 바라보지 않는다. 하나님의 선택과 구원역사를 통해 그들이 하나님의 언약공동체로 사는 것, 하나님께 헌신된 삶이 주변 국가들을 자극한다고 생각한다. 따라서 현재 당하는 고통과 수치는 주 하나님을 위해 당하는 고난이라고 생각한다.22 그러니 언약 공동체를 향한 하나님의 변함없이 지속적인 사랑으로 은혜를 베풀어 달라고 호소한다. 일반적으로 사람들은 "주님의 헤세드 안에서" 혹은 "주님의 헤세드로" 이렇게 저렇게 해주시기를 간구한다. 시편 44편 저자의 간구는 문자적으로 해석하면 "주님의 헤세드를 위해" 혹은 "주님의 헤세드를 봐서"라는 표현을 사용한다. 하나님 자신을 위해서 하나님 백성을 외면하지 말아 달라는 요청이다. 주되심의 주권적인 사랑으로 고통을 보시라는 간구다. 때로 의인에게 주어지는 고난을 인생이 어찌 다 헤아릴 수 있으리오!

고통에서 건지시는 은혜

한 개인의 고난과 고통 속에서 그를 건지시는 하나님 구속의 은혜 또한 하나님 헤세드를 바라는 기도에서 드러난다. 다윗이 저자로 소개된 시편 25편은 하나님의 용서와 구원의 은혜를 사모하는 기도다. 히브리어 알파벳 22자의 순서를 따라 시작어휘를 선택하여 각 행을 완성한 예술적인 기교가 돋보이는 기도문이다. 다윗은 하나님이 자신의 젊은 날의 죄와 허물을 기억하지 마시고, 긍휼을 베푸셔서 하나님 사랑과 은혜를 따라 선하심으로 인도하실 것을 간구한다.[7] 주 하나님의 모든 길은 그의 언약과 증거를 지키는 사람에게 헤세드와 진리로 드러나기 때문이다.[10] 하나님의 길을 따르는 사람은 그 변함없이 지속적인 사랑과 진리 안에 사는 것이고, 하나님의 길을 걷는다는 것은 언약을 지키고 그것을 수행하는 법도를 행하는 것이다. 하나님의 긍휼하심과 사랑은 영원부터 존재하는 하나님 주권임을 아는 다윗은 하나님 구원의 능력이 이에서 비롯됨을 또한 알고 있다. 시편 108편에서도 다윗은 이 사실을 고백한다: "주님의 사랑헤세드은 하늘보다 위대하고 주님의 진실하심은 구름에까지 도달합니다."[4] 하나님의 진실하심을 동반한 헤세드는 창조질서 안에 편만해 있는 하나님의 영광이며 하나님의 현존이다. 한 인생이 자신의 죄와 허물을 용서받고 주의 진리로 가르침 받기 원하는 간절함이 성취될 수 있는 것은, 하나님이 그를 긍휼히 여기시고 변함없이 지속적인 사랑으로 함께 하실 때 가능하다는 것을 다윗은 알고 있다. 그래서 그는 깊은 고독 속에서도 절망하지 않고 하나님을 바란다: "나를 향해 [얼굴을] 돌리셔서 긍휼을 베풀어주십시오, 내가 외롭고 괴롭습니다."[16]

시편 94편의 저자는 자신의 상황이 얼마나 억울하고 원통했는지, "복수하시는 하나님 주여, 복수하시는 하나님이여, 빛을 내뿜어주십시오; 땅을 심판하시는 주여 일어나셔서 교만한 자들의 행위를 그대로 갚아주십시오"[1,2] 절규하며 기도의 문을 연다. 시인이 고발하는 악인들의 행위는 완전히 토라를 떠난 삶이다. 그들은 오만하게 떠들고 자만하며참조, 시[1], 하나님 백성을 압제하고, 하나님이 각 지파에게 삶의 터전으로 주신 땅, 가문의 유산을 짓밟는 자들이다.[4,5] 공동체의 소외된 사람들, 공적으로 돌봄을 받아야 할 고아와 과부, 나그네를 살해하며 하나님을 모독하는 자들이다.[6,7]

정의가 짓밟히는 현실에서 누가 일어나 자신을 위하여 악한 자들을 치며 구원하겠느냐는 고백에서, 시인은 하나님의 도움이 아니면 이미 자신은 죽음 속에서 침묵하고 있을 것이라고 회상한다.[16,17] 시인의 고백은 마치 영화의 한 장면을 보는 것 같은 긴장감이 있다.

> 내 발이 미끄러진다고 말할 때 오 주여,
> 주님의 사랑헤세드으로 나를 붙드셨습니다.
> 내 속에 요동치는 생각이 많을 때,
> 주님의 위로가 내 영혼을 즐겁게 했습니다.[18, 19]

한 영혼이 죽음을 향한 침묵 속으로 사라지려 할 때, 그의 목소리에 귀

기울이시는 하나님, 고난의 현장에 함께하시는 동행, 생명을 살리시는 힘, 변함없는 하나님의 사랑 헤세드다. 그 사랑 안에 피할 수 있어 주님은 언제나 한 사람의 인생 여정에 요새가 되시고 반석이 되신다.[22] 의인은 고난이 많으나 주님께서 그의 모든 고난에서 건지시며, 악인은 자신이 따라다닌 악에 의해 죽을 것이기 때문이다.[시34:22]

시편 143편은 원수로 말미암은 고난의 상황을 설명하며 자신을 악인과 같이 심판하지 말 것을 호소하는 고백이다. 하나님의 헤세드로 자신이 당하는 고난에서 구원해주실 것을 간구하는 저자의 상황은 마른 땅이 비를 기다림같이 처절하다. 원수의 핍박으로 저자는 마치 죽은 영혼이 암흑 속에 갇혀 있는 것 같은 참담한 상황이라고 울부짖는다.[3,4] 곧 죽을까 두려우니 하나님께서는 속히 응답해 달라고 간구한다.

> 아침에 내가 주님의 은혜헤세드를 듣게 하여 주십시오,
> 내가 주님을 신뢰하기 때문입니다.
> 내가 가야 할 길을 알게 해주십시오,
> 내 영혼이 주님을 바라기 때문입니다.
> 내 원수들에게서 나를 건져주십시오, 주님
> 내가 피할 곳을 찾아 주님께 숨었습니다.[8,9]

> 주님의 은혜헤세드 안에서 내 원수들을 끊으시고,
> 내 영혼을 괴롭히는 자들을 진멸하여 주십시오.
> 나는 주님의 종입니다.[12]

하루를 여는 이른 아침은 하나님의 응답과 도움을 받는 시간이다. 모세의 기도로 알려진 시편 90편에서 모세는 한 날 아침에 베푸신 하나님

은혜헤세드의 만족함으로 일생을 즐겁고 기쁘게 살게 해달라고 기도한다.[14] 시편 119편 149절에서도 저자는 아직 날이 밝기 전에 하나님 말씀을 읽으려고 일어났으니, 주의 은혜헤세드를 따라 자신의 목소리를 들으시고 하나님의 규례를 따라 사는 생명을 주시라고 기도한다. 만약 하나님이 고난당하는 사람을 외면하시고 자신을 숨기시면, 그 사람은 죽음에 이르는 고통과 동일한 슬픔과 절망을 감내해야 한다.[7] 그래서 저자는 자신의 한날이 하나님의 긍휼하심과 은혜를 보여주는 헤세드 사랑으로 인도함 받기를 원한다. 그것이 자신이 살 길이기 때문이다. 죽음을 향해 내려가던 영혼이 주를 향할 수 있기 때문이다. 원수들의 압제에서 생명을 건질 수 있는 것은 하나님이 긍휼함으로 보호하시는 헤세드 안에서 가능함을 저자는 알고 있다. 저자에게 하나님의 긍휼을 드러내는 헤세드 은혜와 사랑은 양면성이다. 악한 자들에게는 멸망이고 하나님의 사람에게는 생명이다. 헤세드는 변함없이 지속적인 신뢰관계 안에서 고백할 수 있는 서로를 향한 사랑이기 때문이다.

하나님을 경외하는 경건한 삶

역대기 사가들의 증언을 따르면, 다윗이 예루살렘에 수도를 정하고 하나님 임재의 상징인 법궤언약궤를 안치한 후, 레위 지파에서 아삽 가문을 선정하여 그 궤 앞에서 항상 하나님을 찬양하는 사역을 하게한다.대상16:5,6,37,41-42 다양한 악기연주와 함께 예배의식을 주관하는데 찬양이 중요한 역할을 했던 것을 알 수 있다. 이 찬양단의 찬송 중심주제가 바로 '주님의 선하심'과 '주님의 헤세드'의 영원함을 선포하는 것이다: "주님께 감사하라, 주는 선하시니 참으로 그의 헤세드가 영원하도다."대상16:34 역대기하 5장은 솔로몬이 예루살렘 성전을 건축하고 성전 안으로 법궤를 들이는 의식을 기록하고 있다. 이때 아삽과 그 가문의 사람들이 악기

연주에 따라 주님을 찬송한다: "주는 선하시니 참으로 그의 헤세드가 영원하도다."[13] 하나님의 변함없이 지속적인 사랑은 하나님을 경외하는 사람들이 하나님을 경험한 고백의 최고의 표현이다. 따라서 하나님 사랑의 영원함은 감사 찬송의 시작이며, 노래의 각 소절에서 후렴구로 반복되기도 하고, 감사를 마무리하는 끝맺음이기도 하다. 참조, 시106:1,45, 107:1,43, 118:1,29, 136

하나님 헤세드 사랑과 은혜는 하나님 백성이 하나님을 경외하는 삶을 살도록 인도하는 길이며 찬양의 주제다. 시편 저자들의 고백은 이를 잘 반영해준다. 시편에는 다양한 시들이 수록되어 있는데, 사람이 육체의 질병을 앓거나, 친구들에게 소외되고 외롭거나, 교만하고 악한 자들의 비웃음을 사거나, 억울하게 모함을 받고 핍박을 당하거나, 영혼의 갈급함을 느낄 때 등, 인생의 고통과 슬픔을 하나님 앞에서 탄식하며 울부짖는 애가들이 있다. 이 타원의 기도 속에 절절이 녹아있는 사람들의 소망이 하나님 헤세드다. 한결같이 시인들은 하나님 헤세드로 연약한 인생이 순수성을 지키고 살아갈 수 있음을 고백한다.

다윗이 저자로 알려진 시편 13편은 죽음에 이를 만큼 오랜 기간 고난을 경험하고 있음을 암시한다. 어느 때까지 현재의 고통과 원수들의 핍박이 계속될지 알 수 없으나, 다윗은 죽음의 두려움 속에서도 하나님의 은혜를 찬양하며 시를 마무리하는데 그 핵심이 하나님 헤세드다. 하나님의 변함없이 지속적인 사랑을 신뢰하므로 주의 구원을 기뻐하겠노라는 고백이다.[5] 고난 가운데서도 하나님을 경외하는 삶의 능력을 공급하는 힘이 하나님의 변함없는 사랑에서 비롯됨을 다윗은 알고 있다. 그래서 자신의 고난을 보시고 영혼의 환란을 아시는 그 하나님의 변함없는 사랑과 은혜를 기뻐하고 즐거워하는 것이다. 시31:7 사람들에게 그 하나님을 사랑하라고 선포하는 것이다. 시31:23

시편 26편에서 다윗은 핍박을 당하고 있으나 자신의 결백을 고백한다. 악을 행하는 자들과 동행하지 않은 자신의 삶을 하나님이 공평하게 판단해주실 것을 호소한다. 왜냐면 다윗은 하나님의 인애헤세드를 바라보며 진리 안에서 행했기 때문이다.[3] 하나님 헤세드는 다윗이 사악한 행위나 뇌물을 탐닉하는 것에서 떠나 하나님 영광이 머무는 곳을 사랑하며 온전한 삶을 살도록 이끌어준다.

시편 36편은 하나님이 없는 자들의 삶과 하나님 백성의 경건한 삶을 노래한다. 하나님의 변함없는 사랑헤세드과 진실하심은 하나님 창조세계 안에 가득히 드러난다.[5,6] 하나님 사랑은 보배롭고 그 은혜의 날개 아래 사람들이 피난처를 둔다.[7] 시인은 하나님을 아는 사람들에게 이 은총헤세드을 끊임없이 베풀어주시고 마음이 정직한 사람들에게 하나님의 공의를 베풀어 달라고 간구한다.[10] 하나님 헤세드로 드러나는 사랑과 정의는 하나님이 그 백성 가운데 임재하신 영광의 증거이기 때문이다. 하나님 백성을 향한 하나님의 변함없는 헤세드는 인생을 살아가는 생명의 원천이기 때문이다.

시편 40편에서 다윗은 자신의 삶이 토라를 마음에 간직하고 그 교훈을 따라 주의 뜻을 행하며 살았다고 성찰한다. 고난 중에 부르짖을 때 그 마음을 살피시고 응답하시는 하나님, 제사와 예물을 기뻐하시는 것이 아니라, 정직하게 산 삶으로 하나님 앞에 나오는 사람을 기다리시는 주님께 다윗은 자신이 살아온 날들을 고백한다. 하나님의 공의를 따라 살았으며, 하나님의 변함없이 지속적인 사랑헤세드과 진리를 회중 가운데 드러냈다고 노래한다. 그러니 주께서 자신을 긍휼히 여겨주시고 하나님 은혜헤세드와 신실하심으로 항상 지켜주실 것을 간구한다. 생명을 해하려는 위협이 주변에 도사리고 있고, 비웃는 자들이 하하하 웃으며 조롱하지만, 하나님의 변함없는 사랑과 진리는 정직하게 사는 사람을 지켜주는 울타리고 버팀목이다. 주 하나님을 경외하며 그의 헤세드를 바라는 사람들을 하나님은 외면하지 않으신다. 그들의 목숨을 죽을 자리에서 건져내시며 굶주릴 때 살려주신다. 시33:18,19

고라자손의 시로 알려진 시편 48편은 하나님의 성전이 있는 예루살렘 시온성의 영광을 그려낸 노래다. 거룩하고 위대한 성 시온은 아름답고 온 세계가 우러러보는 곳으로, 주 하나님은 그곳에서 극진히 찬양받으신다. 시인은 하나님의 성전 가운데서 하나님의 헤세드를 생각했다고 회상한다.

> 우리가 들은 바대로 만군의 주님의 도성,
> 우리 하나님의 성에서 바라봅니다.
> 하나님이 이를 영원히 견고하게 세우실 것입니다.
> 아 하나님, 우리가 그 성전 가운데서
> 하나님의 변함없이 지속적인 사랑헤세드을 생각했습니다.8.9

말로만 듣던 예루살렘 중앙 성소를 방문한 순례자들의 가슴 벅찬 환희!… 태초의 세상을 이해하게 하신 하나님, 창조로부터 자신들의 역사 속에서 하나님 페이소스로 인간의 죄와 고통을 끌어안아 주신 하나님, 현재를 주님 앞에서 신실하게 살도록 이끄는 능력, 언약공동체의 삶의 여정과 더불어 자신의 일생을 하나님 헤세드 안에서 묵상했을 순례자의 모습이 더없이 아름답다. 정의와 공의를 사랑하시는 주님의 인자하심이 성전 안팎에 가득함을 경험했을 사람들의 노래다. 참조, 시33:5 하나님과 하나님 백성의 관계를 확인시켜 주는 가슴으로 아는 언어, 하나님 헤세드다.

시편 92편은 "아침마다 하나님의 인자하심헤세드을 선포하고 저녁마다 하나님의 진실하심을 알리므로" 주님을 찬송하고, 지극히 높으신 분의 이름을 노래함이 아름답다고 안내한다. 의로우신 주 하나님을 송축하는 이 노래는 악기를 연주하며 드리는 찬양이다. 안식일 예배의식에서 드려지는 찬송으로 알려진 이 노래는 전통적으로 구원역사 속에서 하나님의 일하심을 기억하며 기념하고, 하나님의 영원한 주권이 그의 의로움 안에서 실행됨을 찬양한다.[8,15] 주 하나님을 경외하는 의인들 또한 하나님이 권위를 주시고 번성하게 하시고, 죄인들은 패망하여 흩어지게 하신다.[9-14] 하나님이 베푸시는 은혜헤세드로 하루를 시작하고, 하나님이 지켜주신 성실하심으로 하루를 마무리하는 의로운 인생! 세상 길 위에서 자유로운 영혼의 삶이다.

시편 138편은 개인이 하나님께 드리는 감사 찬양이다. 주님의 인자하심헤세드과 진실하심에 대한 감사로 시작하여 그 인자하심헤세드의 영원하심을 신뢰하는 고백으로 마무리한다. 8행으로 구성된 짧은 노래에서 하나님을 경외하고 의지하며 신뢰하는 시인의 마음이 함축되어 있다. 그는 고난 속에서 하나님을 경험한 고백을 통해 도리어 자신의 영혼이 강건해졌음을 고백한다.[3] 시인은 세상의 모든 통치자도 주 하나님께 감사하고 주님의 길을 찬양해야 할 것은 하나님의 영광이 위대하기 때문이다.[4,5] 주 하나님은 한 사람의 인생을 살피시고 인도하시는 분이다. 환난 가운데서 살길을 열어두시고 원수들의 핍박 속에서 구원하신다.[7] 인생이 주님을 바라볼 수 있는 희망이 하나님 인자하심의 영원함이다.

고난을 이기게 하는 힘

공동체나 개인이 고난을 경험할 때, 그 어려움 속에서 하나님의 구원 능력을 경험하는 힘이 하나님의 헤세드를 통해 이루어짐을 고백한 내용을 이미 살펴보았다. 중복되는 해석이 될 수 있지만, 이 부분에서는 하나님 헤세드를 바라는 고난의 현장을 일부 소개하고자 한다. 인생이 직면할 수 있는 가장 비참한 현실 중의 하나는 전쟁이나 식민통치 때문에 삶의 터전을 잃고, 자유를 빼앗기고, 인격이 유린당하는 현장이다. 멸망한 유다 예루살렘은 성전은 불타고 성벽은 파손되고 무너졌으며, 백성은 포로로 붙잡혀간다. 시인은 하나님께서 자신에게 고난과 고통으로 담장을 두르고 어둠 속에 가두셨다고 슬픔을 토한다. 하지만, 시인은 현재의 고난이 민족의 죄악 때문인 것을 잘 알고 있기에 애통한다. 자신의 고난이 마치 쓴 쑥과 쓸개즙을 먹는 것 같은 절망 가운데 있지만, 그 아픔을 마음에 담아두니 오히려 희망이 보인다고 고백한다. 이 처참한 현실 앞에서 시인이 생명을 유지할 힘과 능력은 하나님의 변함없이 지속적인 사랑 헤세드과 긍휼하심이 있기 때문이다.

> 주님의 변함없는 사랑헤세드이 있으니
> 우리는 결코 진멸되지 않습니다.
> 주님의 긍휼하심이 있으니 우리는 결코 망하지 않습니다.
> 이것이 아침마다 새로우니 주님의 신실하심이 크십니다.애3:22-23

이렇게 섧도록 아름다운 희망이 있을까!… 시인은 비록 하나님이 근심하게 하셨으나, 하나님의 풍성한 헤세드로 긍휼을 베푸실 것이기에, 사람이 하나님의 구원을 바라고 잠잠함이 유익하다고 고백한다.애3:26,32 멸망한 백성을 향하여 하나님의 변함없는 사랑으로 긍휼을 베푸셔야 그들의 생명을 유지할 수 있기 때문이다.

포로 후기 예루살렘 성벽재건을 위해 귀환공동체의 총독으로 임명되어 페르시아에서 귀국한 느헤미야와 함께 이 일을 수행한 사람들은 계속하여 방해꾼들의 음모와 훼방에 어려움을 겪는다. 느헤미야의 기록을 보면, 사명을 감당하기 위해 일의 계획과 실천에서 온전히 하나님께 기도하며 인도하심을 따른 느헤미야의 신실함이 보인다. 느헤미야가 불가능한 현실을 극복하고 사명을 완수할 수 있었던 것은 그의 진솔한 고백처럼, 하나님이 헤세드 사랑으로 자신을 비롯한 함께 일한 모든 이들을 지켜주셨기 때문이다.

느헤미야는 당시 예루살렘의 상황을 전해 듣고 울며 며칠을 슬퍼하면서 하나님께 금식하며 기도한다. 느헤미야는 이 절박한 상황에서 하나님의 헤세드를 바라본다. "하나님의 계명을 지키는 사람에게 언약을 지키시고 은혜헤세드를 베푸시는 주께서" 조상과 자신들의 죄를 용서하시고 선택하신 백성을 다시 회복시켜 주시기를 간구한다.느1:4-11 하나님은 그의 기도에 응답하셔서 그는 총독의 임무를 맡고 예루살렘에 돌아와 일세기가 넘게 파괴된 채 방치되었던 성벽을 재건한다. 모든 일을 하나님 은혜로 마치고 공동체의 삶을 정비하고 난 후, 이스라엘 자손들은 도성 수문 앞에 있는 광장에서 대대적인 축제로 모인다.느8,9장 느헤미야 기록에 보면 일곱째 달인 것이 아마도 장막절수장절, 초막절을 지켰을 것이다. 토라를 읽고 금식하며 회개하고, 다시는 하나님백성으로서 언약을 파기하지 않겠다고 서약하고 기록하여 지도자 대표들이 서명하고 인봉한다.

포로귀환 공동체의 금식기도 내용은 그들의 조상 아브라함과 사라를 선택하신 때부터 현재까지 주님의 구원역사를 고백하며 언약을 갱신하는 것이다. 이집트에서 해방된 사람들이 광야에서 배역하여 금송아지를 만들었을 때도 하나님은 헤세드 사랑으로 긍휼을 베푸셔서 그 조상을 용서하시고 버리지 않으셨다.느9:17, 참조, 출32장 북 왕국 수도 사마리아가 앗시리아에 의해 멸망한 후 백성이 뿔뿔이 흩어지고, 남 왕국 유다의 예루살렘이 파괴되고 바빌로니아 포로가 되어 반세기 가까이 이방 땅에서 고향을 그리며 살아온 세월, 먼저 귀환한 조부모, 부모들이 가까스로 성전을 재건해 놓았지만 한 세기가 되도록 제대로 터를 잡지 못하고 살아온 현재까지의 당한 모든 고난의 상황들을 고백한다. 이 모든 환란은 이스라엘의 악으로 말미암은 하나님의 공의로우신 뜻이었음을 그들은 알고 있다. 그러나 언약과 헤세드를 지키시는 하나님께서 이 환란을 작게 여기지 마시고 귀환공동체를 긍휼히 여기셔서, 여전히 이방인들이 차지한 약속의 땅에서 그들의 정체성을 지키도록 도와달라고 호소한다. 그래서 이제 다시 언약을 견고히 하고 기록하여 인봉한다. 한 공동체가, 한 가문이, 한 가족이, 한 개인이 고난 속에서 가질 수 있는 희망은, 하나님의 긍휼히 여기심과 용서로 새로운 관계를 회복시키는 사랑, 하나님의 변함없는 헤세드다.

종말론적 묵시의 내용으로 가득한 다니엘서에 보면, 다니엘이 포로생활과 예루살렘이 회복되는 기간이 의미하는 바를 깨닫고, 하나님 앞에 금식하며 베옷을 입고 재를 뒤집어쓰고 예루살렘 성전회복을 위해 기도했다고 전한다.[단9장] 하나님 앞에서 남은 사람들의 기도내용은 조상의 반역의 역사를 기억하며 용서를 구하는 것이고, 반역에도 불구하고 현재를 사는 사람들을 남겨두신 하나님의 은혜 안에서 하나님 백성으로 선택된 삶의 정체성을 회복하는 일이다. 이는 하나님 헤세드의 사랑과 긍휼을 기다리는 희망이다. 하나님께 죄를 자복하고 용서를 간구하는 일 외에 인생이 하나님 앞에서 할 수 있는 것은 아무것도 없기 때문이다. 다니엘은 "위대하시고 두려움으로 경외해야 할 하나님, 주를 사랑하고 주의 계명을 지키는 사람을 위해 언약을 지키시고 은총헤세드을 베푸시는 분"께 간구한다. 하나님의 종 예언자들이 주님의 이름으로 말씀한 바를 거역한 결과 때문에 현재의 고난을 고백하며 하나님이 크신 긍휼을 베풀어주시기를 간구한다.[단9:6,18] 예루살렘과 주의 백성은 주의 이름으로 부르는 하나님 도성이요 하나님의 사람들이기 때문이다. 언약 안에서 관계를 다시 회복시키는 힘, 하나님의 헤세드다.

포로 후기 예언자 요엘이 전달하는 언약 공동체의 삶의 정황은 자연재해로 말미암은 피폐한 모습을 보여준다. 메뚜기 떼[17]의 출현으로 채소와 곡물, 과일농사는 엉망이 되었고, 극심한 가뭄으로 샘물의 근원까지 말라붙었다고 황폐함을 전한다. 이제 온 백성이 금식하며 하나님 헤세드의 긍휼하심과 은혜를 의지하여 진심으로 하나님께 돌아가야 한다. 아침저녁으로 제단에 소제와 전제를 드리고, 안식일을 지키고, 지정된 절기들을 지키는 제의적 행위는 열심이었지만 하나님이 누구이신지 그들은 알지 못한다. 예언자는 외친다.

주님의 말씀이다
이제라도 너희는 내게 돌아와라
온 마음으로 금식하고 울부짖으며 애통해라
너희 마음을 찢어라, 옷을 찢지 마라
너희 하나님 주께로 돌아와라
주님은 자비롭고 은혜로우시며, 좀처럼 화를 내지 않으시고,
변함없는 사랑헤세드을 늘 베푸시고 긍휼히 여기심이 풍성하시니
마음을 돌이켜 재앙을 거두실 것이다. 욜2:12,13

예언자는 공동체가 구체적으로 어떻게 거룩한 집회를 소집하고 총체적인 위기상황 극복하기 위해 하나님 앞에 나가야 하는지 구체적으로 안내한다. 욜2:15-17 금식 일을 정하고 어린이는 물론 젖먹이까지 포함하여

---

17) 요엘서 1장은 사막지역에서 출몰하는 메뚜기 떼의 자연재해를 언급하지만, 2장에서는 메뚜기 떼 공격의 은유를 활용하여 언약공동체가 적의 침입을 당하는 상황을 묘사한다. 구약성서에서 메뚜기 떼는 심판을 상징하는 은유로 종종 활용된다(참조, 출애굽기 10:4-20; 사사기 6:5,12; 역대하6:28; 아모스4:9; 7:1-3; 이사야33:4; 예레미야51: 14,27 등)

온 백성이 정결하여 거룩한 모임이 되게 하고, 제사장들은 통곡하며 다음과 같이 기도하라고 인도한다: "오 주님, 주님의 백성을 불쌍히 여겨주십시오, 주님의 기업을 민족들 가운데 조롱거리로 내주지 마십시오. 어찌하여 그 사람 중에 '그들의 하나님이 어디 있느냐?'라고 말하게 하겠습니까?" 어둡고 캄캄한 날, 짙은 구름이 덮인 날과 같은 재앙의 끝이 사람들을 삼키기 전에, 하나님의 변함없이 지속적인 사랑에 의지할 때가 바로 지금이다. 하나님 주권 앞에 무릎 꿇고 가슴을 찢을 때다. 하나님이 원하시는 것은 온갖 프로그램으로 엮어진 예배와 풍성한 예물이 아니라, 하나님을 향한 신실한 마음이기 때문이다. 참조, 호6:6; 시51:16,17

삶을 지탱하는 능력

하나님 헤세드 사랑은 하나님을 경외하는 사람들이 어떤 환경에서도 자신의 삶을 지탱할 수 있는 능력이다. 이삭의 아내를 맞이하려고 아브라함의 부탁을 받고 먼 길을 떠난 아브라함의 종은 마침내 아브라함 혈육이 사는 성에 도착한다. 노인은 여정에 지친 낙타들에게 물도 먹이고 쉬면서 성안의 상황도 파악할 수 있는 곳, 우물가에 잠시 여정을 풀고 그곳에서 만나는 처녀들을 통해 하나님의 인도하심을 따르기로 마음먹는다. 공동우물을 사용했던 고대 생활양식에서 물을 긷는 것은 여성들의 몫이었다. 노인은 자신의 주인과 하나님과의 관계를 잘 알고 있기에 하나님의 헤세드 은혜로 자신의 여행목적을 순조롭게 이룰 수 있기를 간구한다. 창24:12 하나님은 늙은 종이 제안한 대로 이삭을 위해 예비하신 리브가와 만남을 인도하신다. 노인의 하나님을 송축하는 부분에서 우리는 그의 불안했던 마음을 읽을 수 있다. 그는 혹시나 주인을 향한 하나님 헤세드 사랑이 여전할까 하는 걱정이 있었던 듯하다. 일이 순조롭게 진행되고 난 후 충직한 종은 "나의 주인을 향한 주님의 은총헤세드과 진실하심을 거두지 않으셨습니다"라고 찬양한다.^{창24:27} 사람들은 자신들이 하나님 앞에서 죄를 범했다고 생각하면 하나님이 자신을 향한 사랑과 은혜를 거두실 것이라고 염려한다. 참조, 렘16:5; 시98:3, 106:45 아브라함의 종의 고백은 하나님과 주인과의 관계가 여전히 하나님의 은총과 그것을 지켜주시는 신실하심에 있음을 확인하고 안도하며 기뻐한다. 위험을 무릅쓴 여행길에서, 주인 아들의 신부를 찾아야 하는 막연함에서, 신부와 부모의 허락을 받아내야 하는 간절함에서 종이 바라며 기대하는 것은 자기 주인을 향한 하나님의 은혜다. 주인의 삶을 지탱하게 하는 힘이 무엇이며 어디에서 비롯되는지를 잘 알고 있기 때문이다.

창세기 32장은 야곱이 외가에서 삶을 마무리하고 고향으로 돌아오는 여정에서 경험한 위기상황을 전해준다. 형 에서가 사백 명을 데리고 자신을 만나러 온다는 소식을 접한 야곱은 형과의 대결을 피할 수 없음을 알고 가속들과 재산을 일부라도 지키기 위한 계획을 세운다. 두려움과 심히 답답한 마음에 짓눌린 야곱은 이제까지 하나님이 자신에게 베풀어주신 헤세드와 진실하심을 전혀 감당할 수 없는 미약한 존재임을 고백하며, 하나님이 약속하신 대로 자신에게 선하신 뜻을 이루어주실 것을 간구한다. 형의 마음을 얻으려고 자신의 가축 떼에서 구별하여 예물을 준비하여 보내고, 밤에 가속들을 앞서게 하고 홀로 남겨진 야곱은 무명의 사람과 사느냐 죽느냐의 힘겨루기에서 승리하고 '이스라엘'이라는 이름을 얻는다. "하나님과 씨름하여 이겼다"는 의미를 깨달은 야곱은 자신이 하나님을 뵈었음을 알고 그 장소를 '브니엘'^{하나님의 얼굴}이라 부른다. 하나님 헤세드 사랑과 신실하심은 야곱의 고난과 행복^{쌍둥이 형과의 서열 갈등,} ^{외가댁으로 도주, 타향살이의 노동과 외로움, 결혼과 자녀출산, 재산증식, 귀향} 속에 면면히 스며있다.

[주님께서] 주의 종에게 보여주신 모든 사랑헤세드과 진실하심에서 [나 자신을 성찰하면], 나는 아무런 가치가 없는 사람입니다. 왜냐면 나는 지팡이 하나 가지고 이 요단을 건넜을 뿐인데, 지금 두 떼를 소유하고 있습니다. 창32:10

그저 형을 피해 빈손으로 고향을 떠난 야곱이 이십 년 후 귀향길에서, 소유하고 있는 재산을 둘로 나누어 하나를 잃는다 해도 생존할 수 있는 부를 축적한 것은, 하나님이 베푸신 헤세드와 신실하심에 있음을 인정한 것이다. 야곱이 험난한 인생길에서 주저앉지 않고 걸을 수 있었던 것은 약속을 신실하게 지켜주신 하나님의 변함없는 헤세드 사랑과 은혜임을 알고 있기 때문이다. 그 사랑이 한 나그네 삶에 녹아있다.

유혹에 미혹되지 않고 순결하게 자신을 지킨 한 청년의 삶 속에서도 하나님의 헤세드 사랑과 은혜가 흐른다. 창세기 39장은 요셉이 자신이 꾼 꿈을 자랑했다가 형제들의 미움을 받아 어느 날 외국 상인에게 넘겨지고 이집트까지 끌려가서 노예가 되어 경험한 삶의 이야기다. 이집트 왕 파라오의 신하 친위대장 보디발의 종이 된 요셉은 그의 성실함을 알아본 주인의 신임을 얻어 집안의 모든 소유를 담당하는 책임을 지게 된다. 외모가 출중한 요셉은 여주인의 유혹을 받지만 하나님을 경외하는 사람으로서 용기 있게 정절을 지킨다. 거절당한 보디발의 아내는 오히려 요셉이 자신을 성폭행 하려 했다고 모함하고 주인은 요셉을 옥에 가둔다. 하지만, 하나님은 요셉과 함께하셔서 헤세드 사랑과 은혜로 그를 지켜주신다. 요셉은 감옥에서도 간수장의 마음에 들어 감옥의 제반업무를 맡게 된다. 이는 하나님이 요셉과 함께하시며 무엇이든지 그가 하는 일을 형통하게 하셨기 때문이라고 성서 저자는 기록한다.

그러나 주님께서 요셉과 함께하셨고, 그에게 은총헤세드을 베푸셔서 간수장이 요셉을 눈여겨보게 하셨습니다. 간수장이 감옥에 있는 모든 사람들을 요셉의 손에 위임했으며, 거기서 행하는 모든 일들이 요셉을 통해 이루어졌습니다. 창39:21-22

노예로 팔리고, 억울한 모함을 당하고, 감옥에 갇히는 현실을 누구에게 변명조차 할 수 없는 상황에서 요셉이 삶을 지탱할 수 있었던 희망은 하나님께서 변함없는 사랑으로 함께하셨기 때문이다. 유난히 사랑받던 족장의 아들이 노예가 된 삶의 자리에서도 순수성을 지키며 정직하게 살아갈 수 있었던 자존감은 하나님이 베풀어주신 사랑과 은총 안에서 가능했다. 이 신실하신 하나님 사랑을 경험한 요셉은 자신도 아버지 야곱에게 헤세드 사랑과 진실함으로 약속을 지킨다. 창47:29, 50:1-14 이 사랑의 힘은 한 사람의 고난을 하나님 섭리로 이해하며 형제들을 용서하는 능력을 갖추게 한다.

칠 년 동안 극심한 흉년을 견뎌야 하는 고난의 시기에 요셉은 우연히 이집트로 곡식을 구하러 온 형제들과 재회하게 되고, 아버지 야곱과 형제들을 초청하여 이집트에서 살게 한다. 아버지가 돌아가시고 형제들은 요셉의 보복을 두려워하여 아버지의 유언이라고 말하며 자신들을 용서해 달라고 요청한다. 하지만, 이미 요셉의 마음에는 형들에 대한 원망이나 미움은 없다. 요셉은 이미 아버지의 유언을 헤세드의 신실함으로 실행한 사람이다. 형제들을 용서하고 관계를 회복할 수 있는 요셉의 마음 중심에는 절망과 고통의 시간에도 하나님이 베푸신 긍휼과 사랑으로 살아온 기운이 녹아있다.

요셉이 형제들에게 말했습니다. "두려워하지 마세요, 내가 하나님을 대신하겠습니까? 형님들은 나에게 악을 행하고자 했지만, 하나님은 그것을 선으로 바꾸셔서 오늘처럼 많은 사람을 살리게 하셨습니다. 두려워하지 마세요, 내가 형님들과 어린 조카들을 위해 [필요한 것들을] 베풀 것입니다"하고 형제들을 안심시키고 위로했습니다. 창50:19-21

하나님 사랑이 요셉의 삶을 그림자처럼 동행하며 보호하셨듯이, 요셉도 자신이 형제들에게 보여야 할 태도가 무엇인지 알고 있다. 요셉의 가슴속에 살아 숨 쉬는 하나님 헤세드는 보복이 아니라 용서를 일으킨다. 용서는 화해를 부르고 관계는 회복된다.

하나님으로부터 말씀을 받은 예언자가 예언을 거부하고 도망가다 화를 당한 요나 이야기는 마치 한편의 동화 같은 그림으로 우리에게 다가온다. 바다 끝으로 도망가면 하나님을 피할 수 있으리라 생각한 요나는 다시스스페인 남부로 가는 배를 타고 거절여행을 시작한다. 하지만, 하나님이 보내신 폭풍으로 공포의 아수라장이 된 현실 앞에서 꼼짝없이 요나가 원인임이 드러난다. 요나는 자신이 희생제물이 되기를 자처하고 사람들에게 자신을 바다에 던지라고 말한다. 요나는 바다에 던져지고, 바다는 다시 평온을 되찾고, 하나님은 큰 물고기를 보내 요나를 삼키게 하신다. 성서저자는 요나가 꼬박 삼일을 물고기 배속에 있었다고 전한다. 요나는 자신이 스올의 배속, 죽은 자들이 머무는 어둠 속에서 하나님께 부르짖으니 응답하셨다고 고백한다.

헛된 우상들을 숭배하는 자들은 은혜헤세드를 저버렸으나,
나는 감사하는 목소리로 주께 제사 드리며
내가 서원한 것을 갚겠습니다.
구원은 주님께 속한 것입니다. 욘2:8,9

요나가 하나님의 뜻 앞에 무릎을 꿇을 수 있는 것은 하나님이 자신에게 원하시는 것이 무엇인지 알기 때문이다. 요나는 상당히 국수주의적인 사고를 하는 인물이다. 하나님을 알지 못하는 민족들이 심판을 받는 것은 당연한데, 하나님의 인류를 향한 보편적인 사랑이 그의 심기를 불편하게 한다. 앗시리아 수도 니느웨를 향한 심판의 경고가 하나님의 용서로 회복되자, 요나는 이미 자신은 하나님이 어떤 분이심을 알고 있기에 예언하지 않으려 했었다고 불평한다.

주님, 내가 고향에 있을 때
이미 이렇게 될 것이라고 말씀드리지 않았습니까?
이것이 제가 다시스로 급하게 도망치려 한 이유입니다.
하나님은 은혜로우시며 자비로우시고,
좀처럼 화를 내지 않으시며,
변함없는 사랑헤세드이 풍성한 분이시니,
악을 향한 심판을 거두실 것을 알고 있었기 때문입니다.욘4:2

요나는 하나님 헤세드 사랑의 주권이 선택된 사람들에게만 유한한 것이 아니라는 것을 알기에, 하나님 헤세드 안에서 동일한 은혜와 사랑을 경험하게 될 이방인들이 싫었던 것이다. 또한, 그 사랑을 실천해야 하는 자신의 삶의 무게가 부담스러웠을 것이다. 하지만, 이 땅의 사람들이 살아갈 수 있는 것은, 어느 시인의 고백처럼 "모든 인류에게 먹을거리를 주시는 하나님 헤세드"시136:25가 있어 평화가 있다. 주 하나님을 몰라서 분별없이 사는 사람들에게도 그들의 삶을 지탱할 수 있는 것은 인류에게 공평하신 하나님 헤세드가 있기 때문이다. 창조세계 안에 있는 모든 사람은 하나님 헤세드 은혜로 살아간다.

어느 때보다 어둡고 긴 터널을 통과해야 하는 날들이 주어질 때, 하나님 헤세드는 인생이 살아남을 수 있는 유일한 희망이고 이유다. 시편 6편에서 시인은 밤마다 하나님 앞에서 통곡하는 눈물이 방안 가득하여 침대를 띄우고 침상을 흠뻑 적신다고 부르짖는다. 시인을 향한 하나님의 분노를 거두시고 죽을 지경에 이른 자신을 살려달라는 호소다. 시인은 구체적으로 밝히지 않지만, 자신의 육체와 영혼의 고통이 하나님의 무관심속에 버려졌다고 생각한다. 그래서 자신이 죽음에 이르렀음을 감지한다. 사람이 죽어 무덤에 갇히면 하나님과 교제할 수 없으니 하나님 사랑으로 살 기회를 회복시켜 달라고 간구한다. 시인은 한 인생이 치유 받고 소생할 수 있음은, 하나님의 그 사람을 향한 사랑에 있음을 잘 알고 있다.

> 돌아와 주십시오, 주님
> 내 생명을 구해주십시오
> 주님의 사랑헤세드으로 나를 구원하여 주십시오.[4]

시편 119편에서도 하나님 사랑이 한 사람을 살리고, 주의 교훈을 따라 생명을 지탱하는 에너지원이 되는 것을 고백한다. 시인은 하나님의 인자하심헤세드을 따라 자신을 살려주시면 하나님 말씀하신 교훈들을 지켜 살겠다고 맹세한다.[88] 한 생명이 이 땅에서 산다는 것은 하나님 사랑으로 숨 쉬는 것임을 시인은 고백한다: "내가 주님의 법도를 사랑함을 헤아려주십시오. 아 주님, 주님의 인자하심헤세드을 따라 나를 살려주십시오."[159] 한 생명이 호흡하며 더불어 사는 인생살이를 되살리는 희망, 하나님 헤세드다.

5장
사랑, 그 조용한 혁명

하나님의 헤세드와 예수 그리스도

신약성서에서 하나님 헤세드 사랑과 은혜는 예수를 통해 확증된다. 아브라함과 사라에게 약속한 모든 민족의 조상이 되며 복의 출발점이 되는 창17:1-22 새로운 장이 예수를 통해 온 세계 모든 민족에게 열려진다. 고대 메소포타미아 바빌로니아 우르를 떠나 하나님이 허락하신 땅 가나안에서 아이를 낳지 못하는 노부부에게 한 생명을 허락하심으로 시작된 하나님과 선택된 사람들의 관계는, 이제 한 처녀가 낳은 나사렛사람 예수, 하나님의 아들을 통해 열방으로 확대된다. 요한복음서는 이를 증언한다.

태초에 말씀이 계셨습니다,
그 말씀은 하나님과 함께 계셨습니다,
그 말씀은 하나님이셨습니다….

말씀이 육신이 되어 우리 가운데 사셨습니다.

우리는 그의 영광을 보았습니다.

그 영광은 아버지부터 온 유일한 아들의 영광이며, 은혜와 진리로 충만하였습니다….

우리는 모두 그의 충만함으로부터 은혜 위에 은혜를 받았습니다. 요 1:1,14,16

출애굽기 34장 6절에서 드러난 하나님의 주권적인 성품 "긍휼을 베푸시며 은혜로우시고, 화내기를 더디 하시며, 변함없이 지속적인 사랑과 진리가 풍성하신 분"이 유일한 아들에게서 충만하게 넘쳐난다. 그리스어 알레쎄이아aletheia, "진리"와 카리스charis, "은혜"는 히브리어 에메트emet, "진리"와 헤세드hesed, "변함없이 지속적인 사랑"를 반영한다. 물론 구약성서의 헤세드가 위 본문에서 그리스어 카리스가 의미하는 "은혜"와 동일한 개념은 아니다. 히브리어 헨hen, "은혜, 호의, 자비"이 더 알맞은 어휘다. 각기 언어가 만들어지고 사용된 사회적 환경과 정황이 다르기에 활용의 차이는 있지만, 예수가 누구이시며 어떤 분이신지, 옛 언약이 새 언약으로 어떻게 해석되고 받아들여지는지에 대한 이해가 요구된다. 구약성서가 그리스어로 번역된 칠십인역본에는 히브리어 헨 "은혜"은 카리스 "은혜"로, 히브리어 헤세드 "변함없이 지속적인 사랑"는 엘네오스eleos, "자비, 긍휼, 은혜"로 번역되었다. 헤세드 의미의 다양성을 고려할 때, 누군가를 긍휼히 여김으로 자비를 베푸는 사랑으로 엘네오스를 선택한 듯하다.

알레쎄이아의 어근은 확실하지 않다. 무엇이 가득 차있거나 실제적인 상태를 의미한다. 사실을 드러내거나 진실하고 참된 것, 혹은 그런 상태를 나타낸다. 신약성서에서는 거짓이 아닌 사실로 드러나는 올바르고 합당한 상황을 설명할 때 "진리", "신실함", "정직", "의로움", "진실한 가르침", "진실한 믿음", "신의 속성의 실체", "신의 계시" 등 다양한 의미로 쓰인다. 진리는 거짓이 없는 사실이며 정의롭게 밝히 드러나는 것이다. 하나님 사랑은 예수 안에서 진리의 실체로 밝히 드러난다. 이 진리를 알 때 인간은 진정한 자유인이 된다: "여러분이 나의 말 안에 머무르면, 진실로 나의 제자가 되고, 진리를 알게 될 것이며, 그 진리가 여러분을 자유하게 할 것입니다."^{요8:31,32}

카리오^{chario} "기뻐하다", "즐거워하다", "호의를 보이다"에서 유래한 카리스는 기쁨을 샘솟게 하는 마음상태나 즐거움을 표현하는 행동을 의미한다. 호의를 기대하는 행복한 상태를 드러내기도 하고, 친절을 보이거나 동정심을 보이는 감정표현이기도 하다. 사람들을 향한 예수의 은혜는 기쁨과 행복을 주는 것이다. 예수께서 처음 대중을 향해 설교하실 때 선포하신 말씀이 "이러 이러한 사람은 행복합니다"였다. 대표적인 예가 "마음이 가난한 사람, 슬퍼하는 사람, 온유한 사람, 의에 배고프고 목마른 사람, 자비한 사람, 마음이 깨끗한 사람, 평화를 이루는 사람"이 행복하다고 말씀하신다. 왜냐면 각자의 현실이 하늘나라 가치로 채워질 것이기 때문이다. 하나님 은혜는 사람이 행복하게 살도록 베푸시는 호의이며 인생은 그로 인해 기쁘고 즐겁다.

모세가 하나님의 영광^{하나님의 임재하심}을 원했을 때, 하나님은 모습을 보여주신 것이 아니라 하나님이 어떤 분이신지 말씀하셨지만, 이제 아들 안에서 하나님이 누구신지 확실하게 드러내신다. 하나님 사랑과 진리로 충만한 예수께서는 사람들 가운데 사셨고, 그 삶은 하나님이 친히 우리 가운데 임재하신 영광을 확증하는 것이었다. 예수께서는 세상이 하나님의 변함없는 지속적인 사랑과 은혜를 경험하는 유일한 길을 만드신 것이다. 이 길은 또한 처음 하나님이 조상에게 주셨던 언약의 연속이다. 하나님이 사람을 사랑하시는 증거이며, 사람과 함께하시는 현재이고, 사람과의 관계를 지속시키는 영원한 약속이다. 사람과 사람 관계, 사람과 하나님과의 관계는 이 사랑으로 요약된다. 이 관계에 대한 예수의 가르침은 간단명료하다: 아가페세이스 톤 쎄온, 아가페세이스 톤 플레시온agapeseis ton theon, agapeseis ton plesion, "하나님을 사랑하십시오, 이웃을친구를 사랑하십시오." 공관복음서 저자들은 예수께서 의로운 삶을 사는 가장 중요한 행동양식으로 이 두 가지를 말씀하셨다고 기록한다.마22:34-40; 막12:28-34; 눅10:25-28

아가페agape는 동사 아가파오agapao "사랑하다", "좋아하다", "사랑을 보여주다", "간절히 기다리다, 소망하다"에서 유래하며, 마음을 기울여 관심이나 흥미를 보이며 좋아하는 "사랑"의 감정을 대표한다. 히브리어 아하브'ahab의 사랑 의미를 대표하는 그리스어다. 초대교회 공동체에서는 함께 나누는 애찬을 의미하기도 했다. 아가페는 무엇보다도 그리스도인의 사랑을 드러내는 언어다. 서로를 향한 관심과 돌봄을 의미한다.

예수에게 하나님을 사랑하는 것은 하나님의 주권에 순종하는 삶이다. 하나님을 사랑하는 것과 세속의 가치나 부를 추구하는 일은 동일 선상에 둘 수 없다. 예수께서는 주인과 종의 비유로 이것을 교훈하신다.마6:24 어떤 종도 두 주인을 함께 섬길 수 없는 것은, 각자에 대한 사랑과 미움의 감정으로 드러나거나, 한 사람을 존경하며 섬기면 다른 한 사람에게는 소홀할 수밖에 없기 때문이다. 사람은 하나님과 맘몬을18) 똑같이 섬길 수 없다. 자신의 삶이 하나님 주권에 있음을 신뢰하고 하나님 말씀에 순종하며 돈을 지혜롭게 관리하며 살든지, 돈을 의지하고 살든지 삶의 우

---

18) 맘몬은 그리스어로 번역한 아람어로 어원은 밝혀져 있지 않으나, "돈," "재산," "재물"등 물질적인 부를 상징하는 용어다. 구약성서에서는 쓰이지 않았고, 포로후기 신구약 중간시대 랍비문서들에서 등장한다. 일반적으로 부를 표현하는 어휘지만, 주로 부정하게 번 돈이나 뇌물을 의미한다. 예수께서 이 용어를 사용하셔서 하나님 백성과 세속의 가치를 따르는 자의 삶의 태도를 명확히 구분하신다. 누가복음 16장 1-13절, '불의한 청지기 비유'에서 맘몬은 불의한 재물이다. 중세시대에는 맘몬을 악한 신이나 탐욕스런 악마로 이해한다.

선순위 선택은 인생 각자의 몫이다.

예수께서는 이 땅에서 삶을 정리하시기에 앞서 선생으로서 제자들의 발을 씻어주시며 말씀하신다. 예수가 본을 보이신 대로 우리가 그대로 하면 행복하다고. 그리고 행복한 삶의 원리로 새 계명을 제시하신다.

> 이제 나는 여러분에게 새 계명을 줍니다.
> 서로 사랑하십시오,
> 내가 여러분을 사랑한 것 같이 여러분도 서로 사랑하십시오.
> 여러분이 서로 사랑하면,
> 모든 사람이 그것으로써 여러분이 내 제자인 것을 알게 될 것입니다.
> 요13:34,35

요한복음 15장에서 포도나무 비유를 활용하여 예수께서는 하나님과 사람나의 관계에서 이 사랑의 의미가 무엇인지 설명하신다. 예수는 참 포도나무요 사람은 포도나무 가지며, 하나님은 농부다. 농부는 포도나무가 많은 포도를 튼실하게 맺을 수 있도록 가지들을 손질하신다. 필요 없는 부분은 잘라내고 포도나무에 남아있을 때 가지는 건강하게 살 수 있고 좋은 열매를 맺을 수 있다. 예수께서는 우리가 가지로서 나무인 예수 안에 있어야 인생의 목적을 이룰 수 있다고 말씀하신다. 사람은 하나님과의 관계 안에서 자신의 정체성을 알 때 한 인간으로서 건강한 삶을 살 수 있기 때문이다. 예수께서는 자신의 삶의 근원이 하나님 사랑이고, 그 사랑으로 자신은 사람을 사랑했으며, 사람 또한 서로를 향한 그 사랑으로 사는 것이라고 말씀하신다.

아버지께서 나를 사랑하신 것 같이 나도 여러분을 사랑했습니다.

여러분은 내 사랑 안에서 사십시오.

여러분이 내 계명을 지키면 내 사랑 안에서 살게 될 것입니다.

그것은 내가 내 아버지의 명령을 지켜서

그 사랑 안에 살고 있는 것과 같습니다.

내가 여러분에게 이러한 말을 한 것은,

내 기쁨이 여러분 안에 있게 하고,

여러분의 기쁨이 넘치도록 하려는 것입니다.

내 계명은 이것입니다.

내가 여러분을 사랑한 것과 같이 여러분도 서로 사랑하십시오. 요15:9-12

예수를 통해 아가페는 죽음을 넘어서는 숭고한 사랑으로 거듭난다. 예수께서는 당신의 죽음이 새로운 삶을 창조하는 사랑임을 친구관계를 통해 암시하신다. 아가페 사랑의 정점은 타인을 위해 죽음조차도 감내하는 사랑이다. 예수의 명령을 실천하는 사람은, 즉 서로 돌보며 섬기는 아가페 사랑으로 사는 사람은, 예수의 친구다.요15:14 예수는 이 친구들를 위해 자신을 내놓는다. 그리스어 필노스philos, "친구"는 또 하나의 사랑언어다. 동사 필네오phileo "사랑하다", "좋아하다", "깊은 감정을 보이다" "입맞춤하다"에서 유래한다. 친구는 서로 좋아하고 사랑하는 관계다. 함께 우정을 나누고 신의를 지키는 사람을 위해 자신을 내놓는 아가페 사랑보다 더 큰 것은 없다고 예수는 말씀하신다. 그리고 거듭해서 이 사랑으로 살아야 한다고 당부하신다: "내가 여러분에게 명하는 것은 이것입니다, 서로 사랑하십시오."요15:17

그리고 죽음을 준비하는 기도에서요17 예수께서는 자신을 세상에 보내신 하나님 사랑이 하나님이 세상 가운데 임재하신 증거임을 고백하신다. 이 사랑은 하나님이 하나님 되심을 드러내는 주권으로 존재하는 것이며, 사람들 안에 이 사랑을 있게 하려는 것이 예수께서 한 인간으로 사람들 가운데 사신 것이었음을 밝히신다. 예수가 하나님 사랑의 실체로서 그 사랑으로 사신 것을 알고, 우리도 그 사랑 안에 사는 것은 이제 각자의 몫이다.

> 아버지, … 영생은 아버지가 오직 한 분이신 참 하나님이심을 알고,
> 아버지가 보내신 예수 그리스도를 아는 것입니다. 요17:3

예수 그리스도 안에서 확증된 하나님 사랑은 사도들을 통해 계승되고 증거된다. 사도 바울은 이 땅에 어떤 누구도, 천사들조차도, 또한 어떤 물리적인 힘이나 능력으로도, 죽음조차도, "우리 주 예수 그리스도 안에 있는 하나님의 사랑에서 우리를 끊을 수 없다"라고 확신한다. 롬8:37-39 하나님을 안다고 하는 것은 하나님 말씀을 따라 사는 것이며, 말씀을 지키는 것은 하나님을 사랑하는 증거다. 예수께서 그렇게 사신 것처럼, 하나님을 안다고 말하는 사람은 각자 자신의 삶의 자리에서 마땅히 예수처럼 살아야 한다.

첫 번째 요한의 편지는 예수께서 제자들에게 "서로 사랑하라"고 부탁하셨듯이, 거짓교사들의 위협으로부터 자신을 지키고 빛의 자녀로 사는 것은 믿음의 공동체 안에서 형제자매가 서로 사랑하며 사는 것이라고 권면한다. 요일3:11-17 예수께서 우리를 위해 죽으시고 생명을 주시므로 우리는 사랑을 알았고, 이 사랑이 세상을 살게 하는 우리의 능력이기 때문이다. 3장은 절절이 사랑으로 호소하는 가슴 벅찬 믿음의 공동체 삶으로 초대다.

사랑하는 여러분, 서로 사랑합시다.

사랑은 하나님께로부터 오는 것입니다.

사랑하는 사람은 다 하나님께서 났고, 하나님을 압니다.

사랑하지 않는 사람은 하나님을 알지 못합니다.

하나님은 사랑이시기 때문입니다….

사랑은 여기 있으니, 곧 우리가 하나님을 사랑한 것이 아니라,

하나님께서 우리를 사랑하셔서, 당신의 아들을 보내주시고,

우리의 죄를 속하여 주시려고, 속죄제물이 되게 해주신 것입니다.

사랑하는 여러분, 하나님께서 이렇게까지 우리를 사랑하셨으니,

우리도 서로 사랑해야 합니다.

지금까지 하나님을 본 사람은 없습니다.

그러나 우리가 서로 사랑하면, 하나님께서 우리 가운데 계시고,

또 하나님의 사랑이 우리 가운데서 완성되는 것입니다….

우리는 아버지께서 아들을 세상의 구주로 보내주신 것을 보았고,

또 그것을 증언합니다.

누구든지 예수를 하나님의 아들로 시인하면,

하나님께서 그 사람 안에 계시고,

그 사람은 하나님 안에 있습니다.

우리는 하나님께서 우리에게 주시는 사랑을 알고, 믿었습니다.

하나님은 사랑이십니다.

사랑 안에 있는 사람은 하나님 안에 있고,

하나님도 그 사랑 안에 계십니다.

이것으로써 사랑은 우리에게서 완성된 것이니,

곧 심판 날에, 우리가 담대함을 가지는 것입니다….

하나님을 사랑하는 사람은 자기의 형제자매도 사랑해야 합니다.
우리는 이 계명을 주님에게서 받았습니다. 요일3:7-21, 표준새번역

하나님이 원하시는 것

인간이 하나님을 경외하는 삶을 드러내는 의식 중 대표적인 행위가 예배다. 고대 이스라엘에서 예배는 다양한 의식을 집행하는 제의였다. 제의를 수행하는 대표적인 종교지도자들이 제사장과 예언자였다. 고대 근동지역에서는 왕을 신의 아들로 이해했기 때문에 왕이 제사장 역할을 겸직하기도 했다. 하지만, 구약성서에서 왕은 신의 아들이 아니라 하나님으로부터 왕권을 위임받아 통치하는 지도자다. 따라서 정치지도자는 하나님의 토라에 충실하여 그 백성을 섬겨야 한다. 참조, 신17:14-20 하나님이 인간에게 원하시는 참된 경건은 무엇이며, 하나님이 기뻐하시는 예배는 무엇인가? 예언자 미가는 하나님이 인생에게 원하시는 것을 이미 우리가 알고 있다고 말한다.

너 사람아, 무엇이 선을 행하는 것인지 주께서 이미 선포하셨다.
주께서 네게 요구하시는 것이 무엇인지 이미 말씀하셨다.
오직 공의를 실천하며
헤세드를 사랑하며
겸손히 네 하나님과 함께 걷는 것이 아니냐! 미6:8

이 말씀은 기능적인 종교행위의 질문에 대한 대답이다: "내가 주님 앞

에 나갈 때 무엇을 가지고 가야 합니까?"미6:6 사람들은 신 앞에 나아갈 때, 속죄할 희생제물이나, 감사예물이나 착한 일로 드러나는 종교의식에 익숙하다. 하지만, 하나님이 원하시는 것은 하나님과 하나님 백성의 바른 관계"나는 네 하나님이 되고 너는 내 백성이 되는" 안에서 행해지는 의식이 합당한 예배라고 말씀하신다. 그것은 공동체 안에서 공의를 실천하는 것이고, 서로를 사랑하므로 언약을 지키는 신의이며, 하나님과 겸손하게 교제하며 사는 것이다. 미가와 같은 시대에 이사야1:11-17와 아모스5:21-24가 선포하고, 하나님을 경험한 삶 속에서 시편 저자들40:6-8, 50:7-11, 51:16-17이 고백하는 한결같은 거룩하고 진실한 예배는 하나님의 공의를 실천하는 삶과 더불어 행해지는 의식이다. 공의를 실천하는 행동양식으로 드러나는 것이 사랑이다. 헤세드를 사랑한다는 것은 언약 안에서 변함없이 사랑을 실천하는 행위를 좋아하고 즐거워하는 것을 말한다.

호세아 예언도 똑같은 말씀을 전한다. 하나님 앞에서 참을성 없고 변덕스러운 이스라엘이 보여주는 불성실한 회개는 한심스럽기 그지없다. 입으로는 "우리가 주님을 알자 힘써 주님을 알자" 외치지만, 하나님을 향한 이스라엘의 사랑은 마치 햇빛이 비추면 금방 사라져버리는 안개와 같고 아침이슬과 같은 모습이다.호6:1-4 예언자를 통해 하나님은 무엇이 하나님이 인생들에게 원하시는 것인지 말씀하신다.

내가 기뻐하는 것은 변함없이 지속적인 사랑헤세드이지 제사가 아니다 희생제물을 불살라 바치는 제사보다 하나님을 아는 지식을 더 원한다.호6:6

호세아 시대 이스라엘은 산당마다 제사의식은 넘쳐났지만, 주 하나님이 누구이신지 알지 못했다. 가나안 종교와 혼합되어 주님과 바알을 구별하지 못했다. 주 하나님은 희생제물과 예물로 섬기는 신이 아니다. 신과 인간이 변함없는 사랑 안에서 신실하게 교제하기를 원하신다. 이 관계가 바르게 형성되었을 때 예배는 하나님 앞에서 의미가 있다.

고대근동지역에서 사람들이 추구하는 성공은 지혜롭고 용맹스러우며 물질적인 부를 축적하는 것이었다. 오늘날 사회가 추구하는 가치와 다를 바 없다. 지혜는 좋은 학벌과, 용맹은 권력을 누리고 행사할 수 있는 직위와, 물질적인 부는 똑같이 현대사회의 모습을 반영할 수 있다. 예언자 예레미야가 민족의 멸망을 초래한 기원전 6세기 초 유다의 사회상을 고발한 내용이다. 그런데 하나님은 예언자를 통해 전혀 다른 가치를 추구하는 것이 살길이라고 제안하신다. 나와 내 가족만을 위한 출세와 권력을 누릴 수 있는 직위와 부가 아니라, 다수의 선을 추구하는 하나님의 사람으로 사는 길을 걸으라는 말씀이다.

> 주께서 이와 같이 말씀하신다.
> 지혜 있는 사람은 자신의 지혜를 자랑하지 마라
> 용사는 자신의 힘을 자랑하지 마라
> 부자는 자신의 부요함을 자랑하지 마라
> 이것을 자랑하여라
> 나를 아는 것과,
> 나 주는 헤세드와 공의와 정의를 이 땅에 실현하는 하나님인 것과
> 내가 이런 일 하는 것을 기뻐하는 하나님임을 깨달아 아는
> 지혜를 가진 것을 자랑하여라.
> 나 주의 말이다. 렘9:23-24

세상을 향해 무관심한 신이 아니라, 하나님의 페이소스로 세상을 향해

인생은 사랑과 공의와 정의로 사는 것이라고 말씀하시는 하나님, 그 하나님을 아는 것이 사람이 세상을 사는 힘이다. 하나님을 안다는 것은 단순히 하나님을 아는 것이 아니라, 서로에 대한 사랑과 신실한 관계 안에서 하나님과 교제하는 것을 의미한다. 하나님과 나의 관계이해다. 하나님은 누구이시며 나에게 어떤 분이시고, 나는 누구이며 하나님께 어떤 사람인가?

그리스도인의 삶의 행동양식 – 헤세드

헤세드는 그 관계가 사람들과 사람들의 관계이든, 하나님과 사람들과의 관계이든, 관념적인 사랑이 아니라, 서로 간의 성실함으로 교제하는 사랑임을 성서 본문들을 예문으로 살펴보았다. 오늘날 우리는 이 사랑을 각자 삶의 자리에서 어떻게 행동양식으로 실천할 수 있는지 정리하고자 한다. 이 책을 마무리하는 장을 "사랑, 그 조용한 혁명"이라 주제를 정했다. 책 이름과 같다. 아마도 이 글을 읽으신 분은 이미 본문의 내용을 통해서 이 시대를 살아야 하는 우리의 가치가 무엇이어야 하는지에 대한 필자의 마음을 읽었을 것이다. 그렇다. 우리가 하나님 말씀으로 사는 것 외에 답은 없다.

구약성서에서 사람과 사람들, 하나님과 사람들의 신실한 관계를 지속적으로 유지하는 삶의 행동양식, 헤세드를 간단히 다시 요약하면,

* 헤세드는 다른 사람들과의 관계 안에서 상대방을 신뢰하고 존중하므로 정직하게 행동하는 것이다.
* 헤세드는 확실하게 행동을 보여준 것이 드러나는 태도다.
* 헤세드는 일상생활에서 일어나는 작은 일에서부터, 위기상황에서

일어나는 다급하고 큰 사건까지 필요한 도움을 베푸는 행위다.

* 헤세드는 베푸는 사람의 결단에 달려있다. 도움이 필요한 곳에 대한 응답은 각 사람의 마음이며 자유다. 하지만, 약속한 일에 대해서는 의무이며 책임이다.
* 헤세드는 그 도움을 받아야 하는 상대방을 향해 베푸는 사람이 신실하게 헌신하는 것이다. 진실한 마음으로 사랑을 보여주는 행동이다.
* 헤세드의 긍휼과 용서, 치유와 회복, 생명과 사랑을 하나님은 온 인류에게 언제나 똑같이 베푸신다. 그러나 하나님 앞에 나오는 것은 사람의 책임이다.
* 헤세드는 예수 그리스도로 하나님 사랑을 확증하신 그 하나님을 알고 하나님을 경외하며 사는 인생의 영생이다.
* 헤세드는 지속적으로 한결같은 관계다.

오늘 우리는 지구화 또는 세계화된 현실에서 살고 있다. 현대화를 넘어, 세계주의, 보편주의, 해체주의, 다원주의, 다문화주의 등으로 대표되는 다양한 사회구조 안에서 각자의 가치를 추구하며 살아간다. 이제 지구촌 사람들은 원한다면 지역이나 국가를 초월하여 하나의 세상, 보편적 가치 추구를 선호하는 초국적이고 범지구적인 삶의 양식을 선택할 수 있다. 어느 국가도 초국적 상호의존과 협력을 벗어나서는 독자적으로 생존할 수 없는 현실이 되었다. 경제, 정치, 문화적으로 맞물려 급속하게 진행되는 지구화는 환경파괴와 집단 이기주의, 대중 속의 인간 소외 현상을 동반한다.

세계는 국가 중심의 시장경제가 붕괴하고 하나의 지구시장이 형성되었다. 따라서 영토나 개별국가의 경계를 넘어 범지구적으로 자유롭게 활동하는 초국적기업들에게는 진보적이고 유익한 것이지만, 보통시민들에게는 자신들이 사는 지역과 민족 공동체 안에서 사회구조의 합리화, 노동과 생산성 합리화, 공공부분의 민영화, 정부의 규제 완화 정책에 고스란히 노출되어야 한다. 하나의 시장에서 살아남으려면 국가와 기업이 제시한 주어진 틀에 적응하도록 강요당한다. 범지구적 무한경쟁 속에서 상품가치가 있어야 최고로 인정받고, 이윤추구가 있어야 더불어 잘사는 공공복지를 이룰 수 있다는 논리로 경쟁력 강화를 강조하지만, 인권은 무시되고 삶의 질은 심각하게 훼손된다. 바로 우리 현실에서 일어나는 세계시장 개방, 공공업무의 자동화, 비정규직 고용과 해고, 공기업 민영화, 대기업 근로현장에서조차 공공연히 일어나는 인권억압과 착취, 등등을 생각해보라.

정치제도 또한 개별국가의 영토나 주권 안에서 정의되지 않고, 범지구적 지배구조 안에서 재구조화되고 시행되는 방식을 따르게 된다. 쓰나미, 지진, 태풍, 폭설, 폭우, 혹한, 혹서 등 자연현상변화로 야기되는 지구적 문제, 안전사고로 야기되는 원유유출이나 방사능 유출과 오염, 초국적기업들의 기업경영, 다문화 수용, 지구환경문제, 여행자유화로 급증하는 변종 바이러스 출현과 감염, 조류독감, 구제역, 정치이념이나 종교 갈등으로 야기되는 민족내전, 이민, 지구난민과 빈곤문제, 성매매, 동성연애와 결혼, 마약, 에이즈, 등등은 지구촌 정치의 중요현안들이다. 다시는 하나의 국가가 자국의 순수한 지역성 보존이나 고유문화창출, 자국의 생태계 보호 등에 대한 정치적 영향력을 단독으로 행사할 수 없게 된다.

정보통신혁명은 거대한 문화시장을 형성하므로, 지구촌 각 지역이나 국가가 가진 고유문화규범과 가치에 혼란을 가중시킨다. 서구문화가 선진자본주의 초국적기업들이 경영하는 범지구적 미디어를 통하여 지구촌

구석구석까지 전파되면서, 서구문화 중심으로 문화단일화하려는 경향이 있다. 서구자본주의 문화는 '문화'로 개별국가들의 문화는 '민속'으로 상대화하며, 음악에서는 '음악'과 '민속 음악,' 종교에서는 '종교'와 '미신'으로 상대화한다. 수백 개가 넘는 위성방송을 통해 선진자본주의 문화가 범지구적으로 가정의 안방에서 상대성을 발휘하며 문화의 차별화를 가속한다. 선진자본주의 생활양식이 전 인류의 삶의 질을 판단하는 가치기준이 되었다. 문화의 보편성, 동질성, 획일성을 조장하고, 어떤 측면에서는 상대적으로 이질화하거나 다양화를 통해 특수화하는 경향이 강하다. 우리가 자랑하는 한류문화도 이에 편승한 결과다.

가정

지구화 시대에 한 가정의 가족 간의 연대와 행복은 위협받고 있다. 이 글을 읽는 독자께서도 아마 스마트폰을 옆에 놓고, 혹시 필자가 한 말이 무슨 의미인지 궁금하면 휴대전화를 열어 확인 자료를 찾기도 하고, 읽는 것에 실증을 느끼면 게임을 할지도 모르겠다. 문명의 이기는 말 그대로 사람을 이롭게 하려고 사용하는 것이다. 그런데 오늘날 일부 문명의 이기는 사람과 사람의 단절을 일으킨다. 가족 공동의 관심사보다는 각자의 필요를 따라 원하는 것을 하면서 대부분의 시간을 보낸다.

어떤 부부는 부부싸움을 하면 휴대전화 문자로 필요를 이야기한다고 한다. 가족이 함께 있어도 각자 휴대전화나 컴퓨터를 즐기고, 필요한 말 외에 대화하지 않는 경향이 많다고 한다. 부모가 웹 문화에 익숙하지 않아 자녀들이 컴퓨터에서 무엇을 하는지 잘 모르는 경우, 자녀는 고스란히 컴퓨터의 악영향에 노출된다. 무엇보다도 자녀와 함께하는 시간이 턱없이 부족하다. 초등학교 때부터 각종 사교육에 노출되기 때문이다. 필자는 대중교통을 이용하는데 지하철이나 버스를 타면 서 있든 앉아있든,

젊은이들은 거의 휴대전화을 사용한다. 사람들이 타고 내리는데 관심이 없다. 노인들이 들어오셔도 일부러는 아니겠지만, 자리 양보의 염려가 없다. 바라볼 필요가 없기 때문이다.

가족의 고유 일상들조차 대부분 기계와 자동화에 의존하여 살고 있는 현실에서 평생을 서로에게 헌신하며 결혼관계, 가족관계를 유지하기란 그리 쉬운 일이 아니다. 한 가정을 이루는 결혼은, 그리스도인이든지 아니든지 모두 서약을 통해 관계를 맺는다. 때로는 이 서약이 거짓으로 이루어지기도 하고, 서로 필요를 위한 목적으로 이용되기도 하는 안타까운 경우들도 있다. 그러다 보니 이혼이 늘고 자녀를 출산했을 경우, 당연히 한 부모 가정이 늘어난다. 그리스도인들도 이혼을 쉽게 받아들이는 일도 있다.

구약성서에서 결혼은 언약이며, 예수께서도 이를 분명히 밝히신다. 이혼하는 모든 경우를 정죄하거나 비난해서는 안된다. 이혼의 상황에 따라 악한 삶의 결과일 수도 있고, 도저히 결혼관계를 지속할 수 없는 남편이나 아내의 태도가 있을 수 있기 때문이다. 하지만, 적어도 이혼하기 전에 전문상담 하는 분을 통해 반드시 두 사람의 관계를 성찰하시기를 권한다. 부부관계, 부모와 자녀관계 안에서 한 가정을 이해하려면 전인격을 가진 한 사람이 누구인가를 알아야 한다. 성서에서 인간은 누구이며 어디에서 비롯되는가?

창세기 1,2장에는 서로 다른 인간창조 이야기가 등장한다. 창세기 1장 26-28절은 인류가 하나님형상으로 창조되었으며 창조세계를 관리하는 하나님 대리자라고 선포한다.

하나님이 말씀하셨습니다. 우리가 우리의 형상을 따라 우리의 모양대로 아담을 만들고, 그로 하여금 바다의 어족과, 하늘의 조류와, 가축과, 땅 위에 기어다니는 모든 종류의 생물들을 다스리도록 합시다.

하나님이 그의 형상을 따라 그 아담을 창조하셨습니다,

하나님의 형상으로 하나님이 아담을 창조하셨습니다.

남성과 여성 하나님이 그들을 창조하셨습니다.^{창1:26,27}

히브리어 아담^{adam}은 인간이 아니라, 생물학적 속명으로서 인류를 지칭하는 어휘다. 여기서 아담은 히브리어로 자카르^{zakar}, "남성"와 느케바^{neqebah}, "여성"를 모두 포함한 생물학적인 존재로서 인류^{humankind}다. 창세기 저자는 분명히 남성성과 여성성을 가진 인류 아담, '그들을 창조하셨다'고 선언한다. 아담이 고유명사 인간으로서 남자를 의미하는 것은 창세기 4장 25절에 처음 등장한다.

"형상"을 의미하는 히브리어 쩰렘^{tslem}은 구약성서에서 외모를 표현할 때 다양하게 사용되었다: 하나님 형상으로서 인류^{창1:26,27, 5:1, 9:6}; 금으로 만든 쥐와 독종 형상^{삼상6:5, 11}; 사람의 초상화^{겔16:17, 24:14}; 우상들^{민33:52; 왕하11:18}; 인간의 그림자.^{시39:7, 73:20} 쩰렘은 정신적이고 영적인 속성과 외양을 함께 지칭하는 것으로 이해할 수 있다. "모양"을 의미하는 히브리어 데무트^{demut} 역시 외모나 눈으로 확인할 수 있는 유사성을 지칭하는 개념으로, 창세기 1장 26절, 5장 1절에서는 하나님 모양으로서 인류를, 에스겔 1장^{5,10,26,28}에서는 환상으로, 열왕기하 16장 10절에서는 구조물 형상을 묘사한다. 이 두 개념 쩰렘과 데무트는 창세기 5장 3절에서는 똑같은 의미로 사용된다.

이 두 개념이 정신적이고 영적인 부분을 포함한 외모의 닮음을 내포하지만, 구약성서에서 하나님은 자신을 구체적인 형상을 한 모습으로 계시하지 않으신다. 인류가 하나님 형상으로 만들어졌다는 것은 창조세계를 초월하여 존재하는 하나님을 대표하는 의미다. 구체적인 신체로 볼 수 없는 하나님을, 볼 수 있는 유형의 대표자로서 인류다. 영과 육을 가진 전인격으로서 한 사람은 하나님의 형상이다. 또한, 인종을 총 망라한 모든 인류는 하나님 형상이다. 모든 인류는 동등하게 창조되었으며, 하나님 앞에 평등하다. 하나님이 인류를 창조한 목적은 창조세계를 관리하고 다스리게 하기 위함이다.창1:26,28 하나님의 대리자로서 인류는 하나님처럼 이 땅을 보호하고 관리해야 할 책임이 있다.

창세기 2장에서는 처음 인류의 구체적인 모습, 남성과 여성에 대한 구별을 포함한 창조이야기가 등장한다. 하나님이 흙의 먼지로 아담을 만드시고 생명을 주셔서 에덴동산에 두셨을 때7, 하나님은 아담이 홀로 있는 것이 좋지 않아서 에제르 크네그도ezr kenegdo를 만드신다.18 성차별해석의 원인을 제공하는 히브리어 에제르ezr는 동사 아자르azr, "돕다", "연합하다", "더하다, 보태다"에서 파생된 명사로 일반적으로 "도움", "돕는 자"를 의미한다. 히브리어 어원적 의미보다는 개별언어로 번역된 의미가 갖는 차이 때문에 전통적으로 여성은 남성을 돕는 자로 해석해왔다. 히브리어 에제르 크네그도ezr kenegdo는 "그에 상응하는 친구", "그를 마주보고 있는 동반자"를 의미한다. 부부는 마주 보며 서로 확인하고 성찰하는 것이다. 아내로서 남편을 향해, 남편으로서 아내를 향해 마주 보고 있을 때, 상대를 통해 자신이 누구인지를 확인한다.

히브리어 아자르는 셈족계열언어에서 두 가지 다른 어근을 갖는다. 고대 우가릿, 아람어, 아랍어 어근의 아다르adr, "돕다"와 우가릿, 아랍어 어근의 가자르gzr, "강해지다", "용기를 내다", "용감하다"이다. 구약성서에서 약 80회 정도 사용된 아자르명사형은 에제르는 주로 하나님께 적용되어 전쟁 상황대상12:18; 대하14:10, 18:31, 25:8, 26:7,13이나, 어려운 삶의 환경사41:10,13,14, 44:2, 49:8, 59:7,9; 시10:14, 22:19, 35:2, 40:13, 63:7, 72:12, 86:17, 121: 1,2에서 하나님의 도움을 의미한다. 인간은 이스라엘에게 도움이 되지 못한다사30:5; 겔

12:14; 호13:9. 하나님의 도움을 고백한 고유명사들도 있다: 엘리에젤"하나님은 나의 도움", 출18:4, 아자렐"하나님이 도우신다", 대상12:7, 아자리엘"나의 도움은 하나님이시다", 대상5:24, 아자리아"야훼가 도우신다", 대하15:6, 에즈라"하나님의 도움" 에스라서. 인간관계에서도 전쟁 상황에서 도움을 요청하거나대상 12:17,19,21,22, 18:5, 22:17; 대하20:23, 26:13,16; 수10:33; 스8:22; 단10:13 등, 강한 자가 약한 자를 돕는 의미로 사용된다.삿5:23; 대하28:21; 욥6:13; 사20:6; 렘37:7

하나님은 강하시며 구원자시고, 도움이 필요한 사람을 돕는 분이시다. 하지만, 창세기 2장 18절에서 여성은 남성을 구원하기 위해 창조된 것이 아니라, 남성의 외로움을 함께 나누는 동반자로 창조되었다. 서로를 향하여 마주 보고 있는 사람이다. 히브리어 에제르는 인간의 어떤 우열관계를 의미하지 않는다. 열등한 자가 우수한 자를 위해 순종하거나 보조하여 돕는 것을 의미하지 않는다. 돕는 자 개념으로 이해하면, 위에서 언급했듯이 오히려 강한 자가 약한 자를 도울 때 사용하는 개념이다.

창세기 2장 21-25절은 남성성을 가진 한 남자와 여성성을 가진 한 여자가 만나 하나가 된다. 결혼은 하나가 되는 것이다. 창세기 1장 27절에서 하나님은 인류를 양성남성과 여성으로 만드신다. 양성 모두 하나님의 형상으로 창조된 이 세상을 향한 하나님의 대리자다. 양성이 구체적으로 드러나는 한 남자, 이쉬ish와 한 여자 이샤sah는 상호의존관계에 있으며 상호존중의 책임이 있다. "연합하다"로 번역된 히브리어 다바크dabaq는 접착제로 붙인다는 의미다. 하나로 합쳐진 것을 떼어내면 온전할 수도 없거니와 상처투성이다. 이것이 이혼의 아픔이고 고통이다.

하나님은 남성과 여성을 하나님 형상으로 창조하셨고창1:27, 상호 동등한 관계로 만드셨으며창2:18, 상호의존관계에서 서로 돕고 이해하며, 사랑과 기쁨을 공유하는 육체적, 영적인 동반자로 만드셨다. 창2:21-24 자녀는 부부가 사랑과 기쁨을 나누며 번성하게 하신 하나님의 선물이다. 그들이 성장하여 부모와 같이 한 가정을 이루기까지 부모는 말씀과 훈계로 자녀를 양육할 책임을 가진다.참조, 잠언서 이것이 성서가 가르치는 행복이고 결혼관계다. 이 관계가 깨지는 것은 불순종의 책임에 대한 부분이다.창3:1-6 하지만, 창세기 저자는 이것이 여성으로 말미암았다고 말하지 않는다. 오히려 하나님의 체벌에서 공동책임이 있음을 암시한다.창3:14,16-19 불순종은 인류의 동일한 책임이다. 불순종의 원인을 제공한 뱀은 저주를 받지만, 인류는 저주가 아니라 불평등 때문에 고통을 감수해야 한다. 이것이 이 세상의 악과 고통의 출발에 대한 성서의 이해다. 하나님은 창조질서에서 여성을 남성과 동등하게 창조하셨다. 인류를 향한 하나님 사랑의 완성이신 예수 그리스도를 통해 하나님을 아는 사람은 이 창조질서를 따라 사는 것이다.

요약하면, 구약성서의 시작은 하나님이 세상을 창조하셨으며, 인간은 창조세계를 관리하며 그 안에서 복을 누리고 살도록 하나님 형상으로 창조되었다고 선포함으로 문을 연다. 인류가 하나님 형상으로 만들어졌다는 것은 창조세계를 초월하여 존재하는 하나님을 대표하는 것을 의미한다. 구체적인 형상으로 볼 수 없는 하나님을 볼 수 있는 유형의 대표자로서 인류를 만드신 것이다. 따라서 한 인간은 하나님의 형상이며, 또한 모든 인류는 하나님 형상이다. 모든 인류는 동등하게 창조되었으며, 하나님 앞에 평등하다. 하나님은 인류를 양성남성과 여성으로 만드셨고, 양성을 대표하는 것이 여자와 남자다. 성은 구별이지 차별이 아니며, 여성과 남성은 상호의존관계이며 상호존중의 책임이 있다. 하나님이 인류를 창조한 목적은 창조세계를 관리하고 다스리게 하기 위함이다. 하나님의 대리자로서 인류는 하나님처럼 이 땅을 보호하고 관리해야 할 책임이 있다. 이 참 인생살이를 살게 하는 지혜가 사람과 사람이 더불어 공공의 선을 추구하는 헤세드 행동양식을 실천하는 데 있다. 하나님을 사랑하고 이웃을 사랑하며 사는 예수의 삶을 따라 사는 것이다.

덧붙여서, 오늘날 교회공동체는 하나님을 아는 사람들의 고백공동체이며, 성서를 '하나님의 계시된 말씀,' 정경으로 받아들인 공동체이다. 그렇다면, 하나님을 아는 사람들은 처음 하나님 창조세계 질서로 회복된 사람들이다. 교회공동체 안에 더는 왜곡된 성서해석으로 배타적인 성차별이 존재할 수 없다. 이는 하나님 형상으로 창조된 인간에 대한 왜곡이며, 그 인간을 만드신 하나님에 대한 왜곡이다.

직업과 직장

자신의 삶의 자리를 어떻게 이해하느냐에 따라 직업은 단순히 잘 먹고 잘살기 위한 일이 될 수도 있고, 자신의 인생목적을 이루기 위한 직장이 될 수도 있고, 자신과 다수를 위한 공공의 선을 추구하며 사는 소명이 될 수도 있다. 직업만족도의 통계를 보면, 우리가 흔히 고소득의 전문직이라고 하는 분야에 있는 사람들보다 사회 공공의 아름다움을 창출해내는 분야에 종사하는 사람들이 만족도가 높다. 오늘날 직면한 세계화를 앞에서도 언급했듯이, 지구촌은 하나의 세계시장이 형성되고 공정무역이라는 제도 안에서 제3세계 국가들의 중산층은 무너지고 소수의 부자와 다수의 가난한 자들만이 존재한다. 흔히 말하는 '다섯 중의 하나 사회구조'가 도래한 것이다. 세계인구의 20% 사람들은 초국적으로 자기가 원하는 직업을 가질 수 있다. 나머지 80%는 주류사회에서 소외되고 생존을 위해 먹고 사는 사람들이 된다는 것이다. 현재 우리 젊은이들이 취업전선에서 경험하는 현실이다.

이러한 사회 환경에서 즐겁게 직장생활 혹은 자영업을 하기란 쉽지 않다. 과도한 업무에 시달리고, 특히 우리 사회는 같은 직장에서 일하는 동료의식보다는 직위에 따라 상하관계로 이해하는 계층의식이 강하기 때문에 서로 존중하므로 신뢰관계를 유지하기 어렵다. 자영업에 종사하는 사람들은 대부분 서비스업종이기 때문에, 다양한 성격의 사람들에게 양질의 서비스를 제공하며 대우하는 것이 스트레스가 된다. 경쟁사회에서 살아남으려고 모두가 정신없이 살다 보니, 누구와 신실하게 관계를 지속하기보다는 이해관계를 따라 피상적으로 교제하는 경우가 많다. 그러다 보니 마음이 병들고 아픈 사람이 많다.

하지만, 하나님이 우리에게 주신 세상은 정직하게 살면 참 아름답다. "정직하게 살면 손해 본다"라는 논리는 하나님을 모르는 사람들이 사는 방식이다. 정직하게 사는 사람은 당당하고 자유하다. 자유는 생명을 지키는 것이다. 이 참 자유는 예수 안에서 진리이신 하나님을 만날 때 누리는 것이다. 물론 악행으로 구조적인 악순환이 지속하는 환경에서 일어나는 인권착취나, 불법에 대해서는 우리가 서로 연대하여 인권을 보호하고 공의로운 정책실현을 위해 노력해야 한다. 비정부조직 단체NGO들이나 각 지역공동체의 바르게살기를 지향하는 연대활동이 서로 협력할 수 있다. 때로는 국제적으로, 국제사면위원회나 핵무기반대 및 환경보호국제단체 그린피스, 국경없는의사회 등과 같은 단체들에 적은 부분이라도 연대하는 것은 중요하다. 하지만, 다원화된 사회에서 이런 단체들의 집단 이기주의 또한 경계하고 지혜롭게 행동해야 한다.

다양한 성품을 가진 사람들이 모여 사는 곳에는 언제나 갈등이 일어나고, 오해가 생기고, 미움이 커져 싸움으로 번지는 일들이 일어나기 마련이다. 오죽하면 인생살이를 '지지고 볶는다'고 표현하겠는가. 관계는 누군가 먼저 손을 내밀고 정직함을 보일 때 신실하게 발전한다. 파기된 관계는 한 사람이 먼저 용서하고 끌어안으면 회복의 길이 열린다. 그 길 위에서 서로 성찰하고 서로 유익하게 하는 선을 이끌어 내야 한다. 너무 먼 길에서 반복하고 있다면, 상담전문가를 통해 도움을 받는 것이 유익하다.

그리스도인으로 세상을 사는 것은, 기독교윤리실천운동에서 제안한 것처럼 "세상의 길 위에서 하나님의 길을 걷는 사람들"이다. 직업이 나와 내 가족만 잘 먹고 잘사는 일이 아니라, 하나님 창조세계의 대리자로 사는 "내 삶의 자리"가 되어야 한다. 그 본을 보이신 분이 예수다. 그리고 사도들은 예수를 따라 살았다. 그 사실을 명백하게 신약성서는 증거하고 있다. 사는 시대가 다르고 문화적 환경이 다를 뿐, 우리도 그 뒤를 따르는 사람들이다. 하나님 사랑을 따라 살 것인지, 자신이 추구하는 가치를 따라 살 것인지, 답을 가진 사람도 선택하는 사람도 자기 자신이다. 바울 사도께서는 로마에 있는 성도들에게 하나님의 사람들이 이루고 사는 행복한 인생살이를 확신한다.

우리는 압니다.
하나님을 사랑하는 사람들, 곧 하나님의 뜻대로 부르심을 입은 사람들에게는 모든 것이 합력하여 선을 이룹니다. 롬8:28

교회

오늘날 교회공동체에게도 지구화는 피할 수 없는 현실이다. 다문화사회에서 교회공동체의 선택은 배타적인 폐쇄집단이 될 것인가, 보편적인 진리를 공유하는 공동체가 될 것인가를 선택해야 할 것이다. 왜곡된 교회전통과 성서해석은 변화를 추구하고 공동체 안팎에서 새로운 관계를 지향해야 한다. 남성중심의 교회전통과 성서해석은 여성들에게 보편적이고 동등한 신앙경험을 제공할 수 없다. 경제적으로 부자인 교회공동체는 가난한 이웃들과 일반적인 삶의 양식이나 가치를 공유할 수 없다. 학벌이나 사회적 지위로 구분되는 교회 직분과 지도력은 그렇지 않은 공동체 구성원들과 평등한 관계를 유지할 수 없다.

어떤 단체나 공동체도 인간존중이 선행되지 않으면 건강하게 살아갈 수 없다. 각 분야에서 인간의 본질과 행위, 기능에 대한 이해는 다양하게 다루어질 수 있다. 종교적인 관점에서의 인간이해 또한 개별종교의 교리나 신념 안에서 다양하게 드러난다. 오늘날 교회공동체는 하나님의 계시된 말씀으로서의 성서를 정경으로 받아들였다. 그렇다면, 정경으로서의 성서는 현시대 안에서 현시대가 요구하는 가치와 규범에 대한 견해를 해석해야 하고, 종교 다원주의사회에서 교회공동체의 정체성을 분명히 밝혀야 한다. 그 역할로 필자는 인간창조의 신학적인 정체성 정립과 헤세드 실천을 제안한다.

바울은 갈라디아교회에 보낸 편지에서 참 자유인은 주어진 자유로 세상을 자유분방하게 사는 것이 아니라, 책임 있는 삶을 사는 것이라고 충고한다. 자유인으로서 어떻게 믿음의 공동체 구성원으로서 역할을 해야 하고, 결과가 어떻게 드러날 수 있는지 가르친다.

형제자매 여러분,
하나님께서는 여러분을 부르셔서 자유하게 하셨습니다.
그러나 여러분은 그 자유를 육체의 욕망을 만족시키는 구실로 삼지 말고, 사랑으로 서로 섬기십시오.
모든 율법은 "네 이웃을 네 몸과 같이 사랑하라"고 하신
한마디 말씀 속에 다 들어있습니다. 갈5:13,14

여러분은 성령께서 인도하여 주시는 대로 살아가십시오.
그러면 육체의 욕망을 따라 살아가지 않게 될 것입니다.
성령의 열매는 사랑과 기쁨과 평화와 인내와 친절과 선함과 신실과

온유와 절제이니, 이런 것들을 금할 법은 없습니다. ^{갈5:16,22-23}

자기를 속이지 마십시오.

하나님은 조롱을 받으실 분이 아닙니다.

사람은 무엇을 심든지, 심은 대로 거둘 것입니다. ^{갈6:7, 모두 표준새번역}

교회공동체 안에서 우리는 다양한 사건, 사고들을 해결해야 하고, 세상살이에 대한 신학적인 해석을 통해 해야 할 일과 하지 말아야 할 일들을 결정해야 한다. 우리 사회는 특히 목회자의 독단적인 성경해석과 결정에 따라서 모든 회중이 따라가는 경향이 크기 때문에, 한 목회자의 가르침이 생명을 살리기도 하고 죽이기도 한다. 하나님 말씀이 기준이 아니라 우리 사회의 윤리기준으로 의인을 만들기도 하고 악인을 만들기도 한다.

예수께서는 철저하게 하나님의 말씀을 따라 사셨다. 따라서 당시 정치 종교지도자들이 추구하는 기득권의 가치와 충돌하고 갈등을 일으키는 것은 당연했다. 예수께서 경험하신 세상과의 충돌은, 오늘날 일부 복음을 바르게 알지 못하는 사람들이 만들어낸 독선과 아집으로 드러나는 태도가 아니다. 그리스도인들을 향해 '개독교'로 비판하는 원인을 제공한 일부 목사들의 저질적인 갈등이 결코 아니란 말이다.

예수의 생애는 진리의 순수다. 세상 사람들은 권력과 서열로 계급구조를 형성하지만, 예수는 섬김과 평등으로 평화를 이루셨다. 세상 사람들은 물질을 쌓고 수치를 명예로 탈바꿈시키지만, 예수는 사람의 필요를 위해 돈을 쓰셨고 하나님 아들로 사는 명예를 지키셨다. 세상 사람들은 거짓과 야망으로 결탁하지만, 예수는 정직과 의로움으로 자신을 지키셨다. 세상 사람들은 저주하며 복수하지만, 예수는 용서하고 공동의 선을 추구하셨다. 마태복음 5장, 6장, 7장은 예수가 어떻게 하나님 사랑의 실체로서 이 땅에서 사셨는가에 대한 증거다. 단순한 예수님의 설교가 아니라, 말씀하신 대로 사셨다. 그래서 때가 되었을 때, 피하고 싶은 고통이었지만, 기꺼이 십자가 처형장에서 "죽음"으로 하나님 사랑을 완성하셨다. 당신이 죽음을 넘어서야 영원한 생명이 열리기 때문이다. 각 교회공동체는 각자의 자리에서 시대사명을 위한 부름으로 넘어야 하는 죽음이 무엇인지를 분명히해야 한다. 지구화 시대에 교회공동체가 이 땅에서 생존할 수 있는 유일한 희망은, 하나님 헤세드 사랑의 완성이신 예수님 같이 사는 것이다.

닫는 글

새벽을 열고 해가 솟는다.

"오늘날 한국 땅에서 정직하게 사는 것이 그리스도인의 순교야, 자신이 누구인지도 모르고, 복음이 무엇인지도 모르는 사람들이 목사라고 온갖 거짓말하며 사기 치고 살잖아." 뼈저린 친구의 고백이 다시 내 가슴에서 되살아난다. 사람이 사람으로 사는 것은 정직하게 사는 것이 상식인데, 우리는 상식을 순교정신으로 되찾아야 하는 시대를 살고 있다.

학위를 받고 귀국해서 꼭 10년을 넘기고 11년을 맞이하며, 이제는 눈물도 말라버렸다고 생각했는데, 오늘은 새벽부터 많이 울었다. 하나님 헤세드 사랑이 절절이 가슴을 휘감아 돌아 도저히 잠을 이룰 수 없어 새벽을 그 사랑으로 울었다.

한국 땅에서 구약신학을 전공한 성서신학자로 산다는 것은 단순히 나 혼자 사는 것이 아니다. 왜곡된 성서해석으로 이 땅의 수많은 그리스도인 여성들이 경험하는 차별과 아픔을 어떻게 하나님 말씀으로 끌어안고 가야 하는지에 대한 과제가 삶의 한 부분에 있기 때문이다. 사람이 누구인지 가장 진실하고 분명해야 하는 인간창조신학의 해석이 성차별로 뒤틀린 사회에서 남성들의 기득권을 누리는 무기가 되어버린 "하나님 말씀"…

그러나 사람이 아무리 찌그러뜨리고 뭉개도, 진리는 진리다. 진리를 진리로 말하고, 진리로 사는 사람만이 생명력이 있다. 인생에서 진리로 살려면 세상에서는 고난의 긴 터널을 지속적으로 지나야 한다고 해도, 그것이 하나님 사람으로서 주어진 한 시대를 살아야하는 삶의 몫이라면, 기꺼이 헤세드의 언약과 신의를 지켜 살아야 하는 우리가 아닌가!

누군가를 향한 미움과 원망은 사람과 사람을 더 멀어지게 한다. 사람이 더불어 사는 곳에는 사소한 말 한마디가 의도와는 전혀 다르게 오해를 부르고 다툼이 일어나기도 한다. 갈등관계에서 누군가 먼저 매듭을 풀어내려고 끌어안을 때, 용서의 길이 열린다. 용서는 화해를 이끌어내고 새로운 관계를 창조한다. 물론 불의하게 행해지는 악과 타협하며 그것을 용서하는 것은 아니다. 악에 대하여는 정의로 맞서는 용기가 필요하고, 진심으로 뉘우치고 선으로 돌아올 때, 용서는 가능하다. 어떤 부분에서는 인간 스스로 해결할 수 없는 영역이 있다. 그래서 예수께서는 이 땅의 삶을 마무리하시고 떠나실 때, 성령을 보내셔서 우리를 돕게 하셨다. 휴대전화만 열면 정보와 지식이 넘쳐나고, 때로 검증되지 않은 수많은 정보들을 활용할 수 있는 현실에서, 무엇이 옳음이고 그름인지 분별하는 지혜가 필요하다. 참과 거짓을 분별하는 지혜가 필요하다. 개인이나 집단이기주의인지, 사회구성원들의 다수를 위한 공공의 선인지 분별하는 지혜가 필요하다. 그리고 정직하게 사는 결단이 필요하다.

우리 한 사람 한 사람 가슴에서 하나님을 아는 사랑의 씨앗이 만들어지고, 각자 삶의 자리에서 싹을 틔우고 자라서 꽃으로 피어날 때, 공공의 선을 향한 희망은 단순한 꿈이 아니라, 오늘 여기 삶의 터전에서 열매 맺을 수 있는 현실임을, 이 책에서 나누고자 하는 마무리다. 내 마음이 가야하고 내 손길이 필요한 곳에 헤세드를 보이며 행동하는 사랑, 그것은 한 사람 한 사람의 가슴에서 시작해야 하는 소리 없는 혁명이다.

선택은 각자에게 있다.

색인